U0579218

高校审美教育
理论与实践创新性研究

方振宇　著

北京出版集团
北京教育出版社

图书在版编目（CIP）数据

高校审美教育理论与实践创新性研究 / 方振宇著 .
北京 : 北京教育出版社 , 2024. 6. -- ISBN 978-7-5704-
6708-2

Ⅰ . G40-014

中国国家版本馆 CIP 数据核字第 20241WS923 号

高校审美教育理论与实践创新性研究

GAOXIAO SHENMEI JIAOYU LILUN YU SHIJIAN CHUANGXINXING YANJIU

方振宇　著

*

北 京 出 版 集 团　出版
北京教育出版社

（北京北三环中路 6 号）

邮政编码：100120

网址：www.bph.com.cn

京版北教文化传媒股份有限公司总发行

全国各地书店经销

河北宝昌佳彩印刷有限公司印刷

*

710 mm×1 000 mm　16 开本　10.5 印张　160 千字

2024 年 6 月第 1 版　2024 年 6 月第 1 次印刷

ISBN 978-7-5704-6708-2

定价：68.00 元

前　言

在高等教育的各个部分中，审美教育发挥着独特而重要的作用，它既是拓宽学生艺术视野与美学思维的钥匙，还是培养学生全面的素质，使学生陶冶情操、滋养心灵以及提高创新能力的核心环节。

笔者阐述了高校审美教育的历史演变、实质、结构、目的、特征和原则，强调审美教育在培养学生审美能力、创造力和人文素养方面的重要作用。本书中详细分析了审美教育的哲学、教育学、艺术学和社会学基础，构建了一个整合性的理论模型。通过比较高校审美教育与中小学及社会审美教育的不同，揭示了高校审美教育的独特性。同时，本书讨论了审美教育与道德、智力、体质和劳动教育的关系。最后，本书提出了高校审美教育课程体系的构建与创新方案，并展示了审美教育的实践案例。本书结构严谨、内容丰富，既适用于高校教育工作者的研究参考，也适合对审美教育感兴趣的读者阅读。

本书的研究出版得到了 2024 年浙江省高校思想政治工作中青年骨干项目的资助。同时，本书也是 2023 年教育部哲学社会科学重大招标项目《美育高质量发展战略下音乐学科"三大体系"建设研究》的子课题《美育高质量发展战略下音乐学科评价体系建设研究》、2024 年浙江省文化广电和旅游系统调研课题《基于场馆的高校审美教育实践路径研究》的成果之一。笔者期望本书能为高校审美教育的理论与实践提供新的视角和思路，引起更多人对高校审美教育的关注，共同推动高校审美教育事业发展，为培养具有全面素养和创新能力的高素质人才贡献力量。

目　录

第一章 引 言

审美教育的初心是，在细微处引导学生展现内在美，让美渗透到生活的每一个角落。这个朴素的目标对于高校审美教育工作者思考"究竟什么是审美教育""为什么要进行审美教育""如何进行审美教育"等问题具有启示意义。

审美教育不是一种单纯的艺术教育，而是一种旨在提升学生全面素质的综合性的教育。王圣民曾在《美育小札》中写道："我坚信，一个生命最初的频率是与真、善、美相一致的。而教育，不仅仅是传授书本上的知识，更应守护这段频率，以抗衡未来即将闯入的、来自成人世界的杂音。尽管终有一天，他们会迈过现实的门槛，理想或许会碰壁，但凭着那一颗内核坚韧、外部丰盈柔软的心，他们依然有能力与挫折和磨难友好相处。"审美教育要传递给学生的不仅仅是艺术技能，还应涵盖人文素养和道德品质的全方位培养。真正的审美教育，应该致力提升学生的审美情趣和审美能力，让他们在日常生活中自然而然地发现美、展现美、创造美，成为内外兼修的优秀人才。

探讨审美教育，人们通常会回溯到 18 世纪，德国诗人、美学家席勒（Schiller）在《审美教育书简》中首次提出了这一概念。他视审美教育为一种融合感性与理性的教育，旨在培养人的审美力、想象力和创造力，以此达到陶冶个人情操，提升整个社会的人文素养和精神风貌的目的。然而追溯审美教育，可以发现它远非近现代的创造，可以说是古已有之，审美以及审美教育贯穿了整个人类文明发展的全过程。

美的种子在人类产生之初就在生产与生活中悄然播下。对美的追求深刻在人类基因里，在"无意识"中萌芽并通过"不自觉"传递。早期人类的艺术，如岩画、陶器等，都反映了人类祖先对自然界的观察和理解，以及他们对于美的探索和创造。这些反映对美追求的艺术创作，通常会承载许多象征意义，人类通过这些艺术创作表达了对动物、植物和自然现象的敬畏。他们制作石器作为狩猎、采集等生产活动的工具，在制作中除了考虑实用性，如工具是否便于手握、是否足够锋利等，也会关注到这些工具的颜色、纹理等外观因素。他们可能会选择一些颜色鲜艳、纹理独特的石材作为原料，或者在打磨过程中有意识地塑造这些石器工具的形状，让它们看起来更加匀称和美观。同样，制陶的过程也存在相似的情况，除了关注实用性，如陶器的大小、形状、厚度等是不是适合用来盛放食物、水，还会关注到它们的外形，人们通过选择不同品种的陶土、添加各色的颜料、刻画丰富的装饰图案等方式来使陶器看起来更有美感。以上谈到的这种自然萌发的和无意间传递的对美的追求是人们在长期的生产和生活实践中逐渐形成的，其中蕴含的审美观念和标准就通过器物本身以及器物制作的技艺教授得以不断传播、强化并稳定下来实现代际传递。原始社会审美观念传递如图1-1所示。

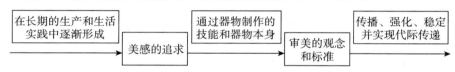

图1-1　原始社会审美观念传递

以新石器时期仰韶文化彩陶为例，仰韶文化是中国黄河中游地区重要的新石器时期彩陶文化，其持续时间大约在公元前5000年至公元前3000年，因1921年首次在河南省三门峡市渑池县仰韶村发现而得名。仰韶文化遗址中出土了大量的彩陶，这些彩陶多为细泥红陶，不仅实用而且具有很高的审美价值。陶器表面用红彩或黑彩描绘出各种精美的图案，如鱼、鸟、蛙、鹿等动物形象以及植物、几何图形等。这些图案线条流畅、色彩鲜艳，显示出当时人们对美的理解和表达。彩陶的外形也经过精心设计，如口沿外撇、腹部鼓出、底部平整等，这些设计既符合实用要求又体现了对称均衡的美学原则。陶器及制陶技艺在传承过程中，不仅传承技术本身，还将审美观念与标准一并传递。

　　审美教育从早期人类的审美思想"无意识"的培养与传递，到奴隶社会出现体力劳动与脑力劳动分离后作为教育的一部分成为相对独立的社会活动，再到封建社会及其后续时期呈现出丰富多元的演进态势，始终与人类文明变迁和社会需求迭代紧密联系。在西周时期，贵族子弟都要修读"六艺"，也就是"礼、乐、射、御、书、数"。"礼"和"乐"除了涵盖实用技能的传授，也将审美教育的意义蕴含其中。"礼"不仅教授学生社会行为规范，还引导学生融入社会，在社会中和谐、有序且优雅地生活。标志着成年的"冠礼"仪式本身就是一次深刻的审美教育体验。在这个过程中，年轻人不仅要学习如何穿戴得体的服饰，遵守既定的礼仪程序，更重要的是，他们在庄严的氛围中获得成长的责任感，加深对世界的理解。这种仪式不仅塑造了年轻人的外在气质，还潜移默化地影响了他们的内在品格，使他们在未来的社会生活中能够更加自信和适应。"乐"将音乐、诗歌和舞蹈等多种艺术形式融为一体，不仅是艺术的表现形式，更是情感和精神世界的表达途径。礼乐制度体现了当时社会的身份等级结构，《左传》中有"天子用八，诸侯用六，大夫四，士二"。这些规范在维护社会秩序和社会稳定方面发挥了至关重要的作用。编钟等乐器的使用，展示了古代高超的音乐技艺，演奏和欣赏这些乐器可以培养人们对和谐、秩序之美的感知能力。"礼"和"乐"的教育帮助年轻人以审美的视角观察世界，以平和的心态感悟生活，在提升对美的认知和欣赏的同时，深化对社会道德规范的认同，促进自我完善以及与世界和谐共处。春秋战国时期，文化思想领域百家争鸣、空前繁荣，各学派的思想观点中也蕴含了丰富的审美教育内容和理念。孔子提出的"兴于诗，立于礼，成于乐"，深刻阐明了诗、礼和乐在个人全面发展中的重要性。他倡导通过诗歌教育启迪心智、激发情感，通过礼制教育规范行为、塑造品格，通过音乐教育提升道德品质和审美能力。在孔子的思想体系中，审美教育不仅是艺术享受的过程，更是道德追求和体现的方式。庄子则提倡"心斋坐忘"，认为要达到真正的审美境界，需要超越现实的束缚，忘却世俗的纷扰，使心灵达到空灵虚静的状态。《庄子·人间世》中有："若一志，无听之以耳而听之以心，无听之以心而听之以气。听止于耳，心止于符。气也者，虚而待物者也。唯道集虚，虚者，心斋也。"这引导人们用心感受世界，用气息与万物相连，实现超越现实的审美体验。这种观念不仅是对现实世界的超越，也是对自我精神的解放。

秦汉时期，董仲舒提出了"罢黜百家，独尊儒术"的理念，这一主张使得儒家著作，如《诗经》《尚书》《礼记》等被确立为经典教科书。这些经典著作不仅蕴含了丰富的道德教育内容，也为审美教育提供了重要的资源和指导。通过学习这些经典著作，人们能够深入理解儒家的审美理念，从而在日常生活中实践这些理念，提升自身的审美情趣和道德修养。在师生教与学的互动中，儒家道德规范与审美情趣得以传承。这些经典著作不仅滋养人们的心灵，更以审美价值和道德启迪影响着人们的生活。例如，《诗经》中的诗歌在各类仪式和社交场合中被广泛使用。《鹿鸣》篇通过"呦呦鹿鸣，食野之苹。我有嘉宾，鼓瑟吹笙"的词句，烘托出宴会中对宾客的敬意和欢迎。《关雎》篇的"关关雎鸠，在河之洲。窈窕淑女，君子好逑"生动描绘了雎鸠和鸣与理想女性的形象，隐喻夫妻间的和谐与相互尊重，体现出当时的婚嫁礼仪和家庭伦理观念。这些诗歌以其韵律和语言之美，提升了人们对诗歌艺术的鉴赏能力，通过描绘美好情感和生活，传递出儒家关于家庭伦理和社会道德的重要观念。人们在诵读诗歌的过程中，不仅能领略文学的魅力，还能学习儒家倡导的忠诚、孝顺、礼节等道德规范和社会伦理。

魏晋南北朝时期，社会动荡不安，但文化艺术极为繁荣。在这一时期，审美教育经历了显著的变化。佛教艺术的传入，尤其是佛教绘画和雕塑的繁荣，为人们提供了新的审美对象和审美体验。龙门石窟便是佛教艺术与中国传统审美理念融合的杰作，展现了文化的交流、碰撞与融合。而道教思想则强调自然和超脱，这也在一定程度上影响了人们的审美追求，使得追求自然、朴素、超然的审美情趣成为时尚。另外，这个时期的绘画艺术也达到了一个新的高度，人物画、山水画和花鸟画等不同题材的绘画都有所发展，在技法上也有了显著的进步。这些文化艺术作品无论是在形式上还是在内容上，都体现了人们对美的新追求和新理解，审美教育在这个时期得到了新的发展和提升。

唐宋时期，政治相对稳定，经济繁荣，这为文化艺术和审美教育的蓬勃发展提供了良好的环境。在这个时期，诗词、绘画、音乐等艺术形式不仅成为提升人们审美情趣和文学素养的重要手段，同时充实了审美教育的丰富资源。这个时期国力强盛，文化交流频繁，诗词、书法、绘画、瓷器等艺术创作成为文化传承的重要桥梁。而书院教育的兴起也为审美教育的发展提供了重要土壤。位于江西庐山脚下的白鹿书院，以其深厚的文化底蕴和卓越的学术成就，成为唐宋时期书院教育的代表。书院定期举办的诗会、画展等文化活动，不仅丰富了学生的审美体验，也为当时社会的审美教育注入了新的活力。

明清时期，文学艺术形式更加丰富多样，小说、戏曲等成为人们喜闻乐见的艺术形式。随着西方文化的传入和东西方文化的交流碰撞，艺术作品开始受到西方美学思想的影响，体现出对个人情感和自由意志的重视。小说如《三国演义》《水浒传》《西游记》和《红楼梦》等作品，不仅在叙事上展现了丰富的情节和人物，而且在审美上也体现了对个性化和情感化的追求。《红楼梦》作为这一时期的代表作品塑造了众多鲜明的人物形象和复杂的情感关系，在描绘人物命运、传递传统道德观念的同时，通过对园林、服饰、诗词等细节的精细描绘，培养了读者的审美情趣。

从器物造型与纹饰的初步探索，到诗词歌赋、音乐舞蹈的艺术表现，再到雕梁画栋、亭台水榭的建筑美学，审美教育在每个阶段都蕴含着丰富的审美意蕴，为后世提供了持续的审美滋养。这一过程从最初的自发行为逐渐转变为自觉追求，从具体的实践活动中提炼出理论，从"无意识"传递发展为拥有丰富实践经验和坚实理论支撑的教育领域。审美教育是历史传统文化积淀、人类审美需求增长以及教育实践与理论发展的综合成果。

在 19 世纪末至 20 世纪初，蔡元培、梁启超、王国维等学者将这一概念引入近代中国，从而开启了审美教育新的发展阶段。蔡元培在《以美育代宗教说》中主张"以美育代宗教"的观点，认为"莫如舍宗教而易以纯粹之美育。纯粹之美育，所以陶养吾人之感情，使有高尚纯洁之习惯"，而"我国古时的礼乐二艺，有严肃优美的好处。西洋教育，亦很注重美感的"。因此，他倡导通过美的事物来陶养人的感情、养成高尚人格、摆脱世俗束缚，体验精神上的自由与愉悦，培养自由、平等、博爱的道德观念，从而实现个体的全面和谐发展。他认为，美是一种普遍性的存在，"美感是普遍性，可以破人我彼此的偏见；美感是超越性，可以破生死利害的顾及"，美能够被人们共同欣赏和分享，不会因个人的占有而减少其价值，能够激发大众内心深处的共情与和谐。他还主张把审美教育单独提出来与"体、智、德"并为"四育"。他在《对于教育方针之意见》一文中明确提出"美育"，不仅从理论上高度推崇审美教育，还通过政策引导和实际行动积极推动审美教育在中国落地与发展，并明确倡导利用审美教育来改善社会风气和培养具有高尚情操的公民。在北京大学任校长期间，他积极倡导并亲自开设了丰富的艺术课程，编写教材《美学通论》，系统阐述了美学的基本原理、发展历程及重要流派，深入浅出地解析了美的本质、审美活动、艺术创造与社会文化之间的内在联系，为当时及后来的审美教育与研究提供了重要的参考框架。

梁启超的审美教育思想融合了中西文化的精髓，既承袭了中国传统美学中"文以载道"的精神，又吸纳了西方教育思想中关于教育应促进社会进步的观点。他认为，审美教育，特别是音乐、绘画和诗歌等审美体验与创造，是连接个体与社会、传统与现代的重要桥梁。他将中国传统美学中关于意境与情趣的探讨与西方教育理念中对个性发展和创造力培养的重视相结合，倡导在审美教育中激发学生的主动性和创新思维。梁启超在《美术与科学》演讲中指出美是"从'真美合一'的观念产生出来"的，强调艺术作品的情感感染力，认为艺术以其独特的语言和形式，能够深刻触动人的内心，从而实现情感与精神的升华。这不仅继承了中国古典美学中以情感人的传统，也融入了西方美学中将艺术作为情感表达和个人自我实现工具的理论。他融合了中国传统的"生活艺术化"思想和西方的"艺术生活化"趋势，体现了对实用主义美学的独到见解，关照艺术的审美价值，更关注艺术在提升个人修养、改善社会风气中的实用功能。梁启超的审美教育思想具有鲜明的人生实践视角，他特别强调艺术与生活的紧密联系，认为艺术不仅是审美的对象，更是生活的重要组成部分。他主张审美教育不仅是知识的传授，更是一种生活的实践方式，通过审美教育可以引导人们在生活中发现美、创造美，从而提升生活品质和精神境界。①

王国维在《论教育之宗旨》中使用了审美教育的概念，将"美"置于独立的地位，提出了一个由"智、德、美"三部分组成的教育体系，培养身心和谐、全面发展的"完全之人物"。"而精神之中又分为三部：知力、感情及意志是也。对此三者而有真美善之理想：真者知力之理想，美者感情之理想，善者意志之理想也。完全之人物，不可不备真美善之三德，欲达此理想，于是教育之事起。教育之事，亦分为三部：智育、德育（意育）、美育（情育）是也。""然人心之智、情、意三者，非各自独立，而互相交错者。如人为一事时，知其当为者，知也；欲为之者，意也；而当其为之前后，又有苦乐之情伴之。此三者，不可分离而论之也。故教育之时，亦不能加以区别。有一科而兼德育、智育者，有一科而兼德育、美育者，又有一科而兼此三者。三者并行，而得渐达真、善、美之理想，又加以身体之训练，斯得为完全之人物，而教育之能事毕矣。"同时，王国维还倡导普及审美教育，认为审美教育不应局限于精英阶层，而应普及至大众，使之成为提升全民族精神境界的重要途径。王国维还提出了"无用之用"的观点，强调美是超越物质利害关系的，其价值主要在于满足人的精神生活需要，从而凸显了审美教育的非功利性

---

① 梁启超.梁启超全集：第十五集 演说一 [M].汤志钧，汤仁泽，编.北京：中国人民大学出版社，2018：272-279.

和精神价值，对于培养人的高尚情操和审美能力具有重要意义。他认为"独美之为物，使人忘一己之利害而入高尚纯洁之域，此最纯粹之快乐也"，强调审美教育是塑造完整人格的关键，认为审美与艺术是超功利性的，是人生"最高尚的嗜好"。他认为，审美教育不仅促使人们忘却私利，追求更高尚纯洁的精神状态，还是德育与智育的重要桥梁，即"一面使人之感情发达，以达完美之域；一面又为德育与智育之手段，此又教育者所不可不留意也"，通过感知与理解美，人们能够提升精神境界。

朱光潜也认为审美活动应超脱于现实利害关系之上，他的《谈美·开场话》中有："无论是讲学问或是做事业的人都要抱有一副'无所为而为'的精神，把自己所做的学问事业当作一件艺术品看待，只求满足理想和情趣，不斤斤于利害得失，才可以有一番真正的成就。"他提倡"人生的艺术化"，主张以超现实、超功利的静观态度看待人生，认为"人生本来就是一种较广义的艺术。每个人的生命史就是他自己的作品。……知道生活的人就是艺术家，他的生活就是艺术作品"，通过艺术的才能和美学修养，人生可以变得无处不是艺术，也无处不是生活。他还强调"怡情养性"的审美教育，认为人的性情是上天赋予的，应健康地发展，达到性情的怡养状态。

这些观点的传播与实践不仅丰富了审美教育的内涵，而且为现代教育提供了多元化的视角和方法。审美教育作为一门多学科交叉的领域，不仅根植于深厚的历史传统，而且持续适应现代社会的发展需求。当人们将目光投向"高校"这一特定领域时，审美教育的交叉性和实践性尤为突出。高校作为审美教育的重要基地，肩负着培养学生审美情趣、提升学生艺术素养的重要任务，通过丰富多彩的审美教育课程和实践活动以及校园环境、文化的浸润，让学生在亲身体验中感受艺术的魅力、激发创新思维。高校审美教育迫切需要吸收来自哲学、教育学、艺术学以及社会学等学科的新理论和新观点，以丰富教育内容和方法，并培养符合时代需求的复合型人才。与此同时，生活实践是检验理论的重要标准，高校审美教育理论必须与实践紧密结合，通过实践的检验来不断调整和完善。进行这些理论和实践的创新性研究，既是学科自身发展的内在要求，也是适应外部环境和满足社会需求的必然选择。通过这样的研究和实践，高校审美教育才能不断向前发展，更好地在人才培养和文化建设中发挥重要作用。本书将从高校审美教育的实质、结构、目的、特征和原则等方面，以及审美教育的理论基础，高校审美教育与其他教育阶段的比较，审美教育与道德、智力、体质和劳动等其他教育内容的关系，高校审美教育课程体系的构建与创新以及实践案例等多方面展开研究和论述，既适用于高校教育工作者研究参考，也适合对审美教育感兴趣的读者阅读。

第二章　高校审美教育概述

　　审美教育是人类对美的持续探索与追求的重要体现，随着时代的变迁，审美教育既反映社会对美的认知，也影响并引领美的潮流。审美教育应纳入各级各类学校人才培养的全过程，贯穿学校教育的各学段，通过弘扬中华优秀传统文化，坚定文化自信，将浸润作为审美教育工作的目标和路径，巧妙地融入教育教学活动的各个环节之中。审美教育还应注重并发挥教师的作用，提升全员审美意识和审美素养，塑造人格魅力，涵养审美情怀。审美教育的目标和任务是多方面的，旨在全面提升学生的文化理解、审美感知、艺术表现、创意实践等核心素养，丰富学生的精神文化生活，使学生的身心愉悦，活力彰显，人格健全。

　　2020 年 10 月，中共中央办公厅、国务院办公厅印发《关于全面加强和改进新时代学校美育工作的意见》，对学校美育的性质、功能、目标进行了系统阐述，并对学校美育工作做出了全面部署。该意见指出："美育是审美教育、情操教育、心灵教育，也是丰富想象力和培养创新意识的教育，能提升审美素养、陶冶情操、温润心灵、激发创新创造活力。"该意见强调了审美教育不仅是培养学生审美情趣的过程，更是一种情操、心灵和创新意识的培育，旨在通过审美教育的全面实施，培养出德智体美劳全面发展的社会主义建设者和接班人。2023 年 12 月，教育部发布了《关于全面实施学校美育浸润行动的通知》，全面实施学校美育浸润行动，加强学校审美教育工作，强化审美教育的育人功能。这是贯彻落实国家关于审美教育政策的重大举措以及进一步加强和改进学校审美教育工作的一次全面具体部署。

　　高校审美教育的发展融合教育理念的持续革新、文化传承的逐步深化、社会变迁的显著影响以及政策导向的不断增强，是一个复杂而综合的过程。在新时代背景下，高校审美教育被赋予了前所未有的重要使命，这是审美教育、情操教育和心灵教育的综合体现，更是丰富想象力、培养创新意识的重要途径，其核心在于提升审美素养，陶冶情操，温润心灵，激发创新创造活力。高校审美教育应致力打造昂扬向上、文明高雅、充满活力的校园文化，建设时时、处处、人人的美的育人环境。

具体而言，高校可以通过深化审美教学改革，构建完善的审美课程体系，突出价值塑造，并强化教学与实践的有机统一。在将艺术课程作为审美教育的主渠道被赋予重要地位的同时，高校要充分挖掘和运用各学科蕴含的审美教育价值与功能。加强师德师风建设，提升教师审美教育素养，配齐配好审美教育教师，强化各学科教师的审美教育意识，为审美教育工作的顺利开展提供有力保障。高校审美教育工作还应注重艺术实践活动的普及和校园审美教育文化氛围的营造。完善面向人人的常态化学校艺术平台，可以让每名学生都有展示的机会，广泛开展各种群体性展示交流活动。同时，营造向真向善向美向上的校园文化氛围，把审美教育全方位融入校园生活，可以推动中华优秀传统文化的艺术传承。

另外，在评价机制方面，高校审美教育工作也应积极探索，通过深化审美教育评价改革，发挥评价的牵引和导向作用，探索多元化教育评价方式，重在关注学生个体成长，尊重和保护学生的兴趣爱好和个性特点，既要全面考查学生发现美、感受美、表现美、鉴赏美、创造美的能力，又要推动学校审美教育工作的持续改进。针对乡村审美教育的提质发展，可以探索以县域为基点、以市域为统筹、以省域为指导的工作机制，完善全面提高乡村审美教育质量的工作体系，通过建立高校与中小学、城乡学校之间的帮扶机制，推动城乡审美教育资源的共享和优势互补。而智慧审美教育正是高校的优势所在，高校可以依托国家智慧教育公共服务平台和地方平台，开发优质的审美教育数字资源，并促进数字技术与中华优秀传统文化的融合。这种创新的教学方式不仅能丰富审美教育的教学内容，还能提高教学的互动性和趣味性。高校审美教育工作还注重社会审美教育资源的整合。发掘当地文化，利用公共文化资源提供的充足保障，推动有条件的地区、学校与公共文化艺术场馆、文艺院团进行交流合作与双向互动。这种合作不仅为高校审美教育教学、实践活动提供丰富的资源支持，还促进学生审美素养的全面提升。

综上所述，高校审美教育是一项系统而复杂的工程，需要全社会的共同努力和持续投入。通过不断完善课程和教材体系、全面深化教学改革、着力改善办学条件、切实加强组织保障等措施，高校可以推动形成全覆盖、多样化、高质量的具有中国特色的现代化审美教育体系，为培养德智体美劳全面发展的社会主义建设者和接班人贡献力量。

本章将对高校审美教育进行系统阐释，深入探讨其实质，即通过多种形态的审美教育，培养学生的审美观念、审美能力和审美情操，促进其全面发展；剖析高校审美教育的结构，以了解其组成部分和相互关系；明确高校审美教育的目的，即不仅是艺术技能的培养，更在于通过审美教育提升学生的全面素质，促进学生个人成长并使其承担起推动社会文化传承与创新的重要使命；分析高校审美教育的特征，如人文性、时代性、综合性等，这些特征共同构成审美教育的丰富内涵和独特魅力；梳理高校审美教育在实施过程中应遵循的原则，这些原则是提升教育质量、确保教育效果的关键所在。本书期望能够为读者提供一个全面、深入的高校审美教育认知框架，多维度展现高校审美教育全貌。

第一节　高校审美教育的实质

要谈及审美教育的实质，就要解释审美教育是一种怎样的教育。审美教育具有学科交叉性，其本身持续发展，所以至今没有公认的定义，它通常被理解为一种旨在培养个体审美感知、审美判断和审美创造力的教育形式。审美教育包含了美感教育的内容，培养人们对美的感知和欣赏能力。审美教育不仅关注对美的欣赏，也鼓励个体探索和理解日常生活中的美学原则，培养个体对美的敏感性乃至对美的创造和表达能力。这样的教育使个体能够在多元化和不断变化的社会文化环境中，形成自己独立的审美视角和价值判断，从而促进个体的全面发展和社会的和谐进步。人们也认识到审美教育还包含了情感教育的意义，在教育中关注个体的情感发展以及情感智慧的养成，也关注情绪的管理、情感的表达和情感的调适等方面，帮助个体通过一系列的美的载体浸润形成健康的情感生活方式，更好地理解与融入这个世界。可以说，审美教育跨越了艺术、哲学、心理学等多个领域，旨在通过审美体验和批判性思考，促进个体的情感、认知和社会性发展。

过去，审美教育常被误认为是其他教育的辅助手段，仅具有工具性价值，服务于道德教育、智力教育或者体质教育。实际上，审美教育与这些教育领域是相互关联、相互渗透的，它们之间既有联系又有区别。审美教育在培养人的审美情感、观念和能力方面有着独特的作用，它不像道德教育那样采用一定措施，也不像智力教育那样依赖逻辑论证，而是通过审美享受来激发情感共鸣，使人在愉悦中得到情感的净化和心灵的升华。进一步来说，审美教育旨在通过社会化和理性化的熏陶，培养受教育者的性情，使其感性欲望得到适当的调节、改造和规范。这包括了对内在情感的塑造、对生命意志力的调节、对感知和想象能力的引导和激发等多个方面，是一个情感、意志和认知相互交融的教育过程。审美教育的终极目标并不是建立一个程式化的逻辑思维模式或标准的道德规范，而是通过完善和提高个体的审美心理结构，进而对其智力结构和伦理结构产生积极的影响，实现个体心理结构的全面、协调发展。

当研究的目光聚焦到高校时，审美教育的实施和目标往往需要更加具体和有针对性的考量。审美教育不仅是音乐、美术等艺术类及设计类专业学生的必修课，还应成为所有学科学生通识教育的重要组成部分。高校可以通过多样化的途径开展审美教育，包括但不限于艺术史、艺术评论、艺术创作等课程。这些课程不仅要传授知识和技能，还要激发学生的想象力和创造力，鼓励他们追求和探索美的真谛。此外，高校还应提供丰富的艺术实践活动，如戏剧表演、音乐会、艺术展览等，让学生在实践中学习和体验审美过程。高校审美教育应关注学生的个性化发展和多样性需求，鼓励学生根据自己的兴趣和特长进行选择和探索，从而实现具有包容性的审美教育。

总之，高校审美教育是一个复杂而多维的过程，其实质是高校教育者按照一定的审美标准与理念，借助有效的审美教育策略和丰富的审美教育资源、载体，对学生施加的审美影响，不仅关乎艺术知识的传授，还关乎高校学生综合素质的培养和个性的发展，促进学生的全面发展，使他们成为心理结构完整且具有一定审美能力的人，实现个体与社会、自然的和谐统一。这种对性情的陶冶是审美教育的核心，也是审美教育与智力、道德、体质教育相区别的关键所在，这确立了审美教育在教育体系中的独特地位。

第二节　高校审美教育的结构

高校审美教育是一个复杂的动态结构，由教育者、学生和审美载体三个核心要素构成，如图 2-1 所示。三者相互作用，共同推动审美教育的实施和发展。这一结构不仅遵循审美教育的内在规律，同时受到高校教育环境的影响。

图 2-1　高校审美教育的结构

教育者是教学过程的主导者，负责知识的传授与技能的培养，在高校审美教育中扮演着至关重要的角色。他们不仅是艺术素养和审美理论知识的传递者，更是教育事业的承启者和学生的引路人。具体来说，教育者不仅包括传统意义上的教师，还包括学校全体教职员工，他们共同构成了审美教育的施教主体。他们精心选择和运用具有丰富审美价值的载体和资源，组织和引导学生参与各种审美活动，培养他们的审美情趣和能力。同时，他们需要不断观察学生的反应，根据实际情况灵活调整教学策略，确保审美教育的有效进行。

学生是教育活动的主体，是知识接收与技能形成的对象。高校学生作为审美教育的核心对象，带着自己的审美期望和需求进入审美教育过程。实际上，这里的学生不仅包括在校的大学生，还包括教师和全体教职员工，他们都可作为学生的一部分接受美的教育和浸润，每个人都在审美教育的氛围下不断成长。每个学生都拥有独特的审美经验和感知，在教育者的引导下，通过与审美载体的相互作用，逐渐丰富审美理解、提升审美素养。教育者应充分尊重和了解学生的审美需求和个性差异，为他们提供多样化的审美体验和学习机会。

审美载体是审美活动中传递审美信息和激发审美情感的媒介，在高校审美教育中发挥着桥梁和纽带的作用。这些载体包括各种艺术作品、自然景观以及日常生活中的美的事物，它们蕴含着丰富的审美信息，能够激发学生的审美情感。师生的一举一动本身也是审美载体的一部分，他们的言谈举止、工作态度、创新精神等，都在无形中传递着美的理念，影响着周围的每一个人。教育者需要精心选择既符合时代审美观念又能引发学生共鸣的载体，确保审美教育的针对性和实效性。同时，审美载体的多样性和丰富性也为教育者提供了广阔的教学空间，使得审美教育过程更加生动有趣。

在高校审美教育的结构中，教育者、学生、审美载体三者相互关联、相互影响，甚至相互转化。要提升高校审美教育的整体质量，就要不断优化这一结构的运行，加强教育者的专业素养培训，丰富审美载体的选择和运用，同时充分考虑学生的个性和需求，从而培养出具有审美情趣和审美能力的高素质人才。审美教育是教育者按照一定时代的审美标准，借助审美媒介，有目的、有计划地对受教育者进行审美浸润的过程，是在教育者的引导下，有秩序、有方向地进行的，并非自发无序进行的过程。审美媒介的选择和运用是审美教育过程中的关键，它直接影响受教育者的审美经验和审美效果。必须说明的是，为了使阐述更加明晰，本书将高校教职员工定位为教育者，而将在校大学生视为学习主体，这样的划分有助于读者更直观地理解高校审美教育的运作机制。

审美教育的结构既包含教育者、学生与审美载体三者之间的交互，又深受外部环境的影响。教育者根据社会和教育目标，选择和运用审美载体，影响学生的审美感受。审美教育的过程不是一成不变的，而是充满变数的。审美载体本身所承载的深厚审美价值，以及学生各自独特的审美视角和背景，都会对审美教育的成效产生微妙而深远的影响。无论是学生还是教师，在接受审美浸润的同时，也在以自己的方式感知和诠释美，他们的反馈成为教育者调整教学策略的宝贵参考。教育者在审美教育的实践中，必须展现出高度的敏锐性和适应性，必须能够根据实际情况灵活调整教学策略。他们需要深入观察受教育者的审美需求与潜能，尊重并珍视个体的独特性和创造性，为他们提供丰富多样的审美体验和学习路径。唯有如此，才能确保审美教育的有效实施，才能培育出具备深厚审美情趣和卓越审美能力的高素质人才，使审美教育成为推动社会文化进步和个人全面发展的强大引擎。

第三节　高校审美教育的目的

高校审美教育的目的，根植于审美教育的动态过程之中，不仅关乎艺术的传承与创新，还能促进学生个性的全面发展和人文素养的有效提升。高校审美教育旨在通过精心构建学生的审美心理结构，为其铺设一条全面而均衡的成长之路。具体而言，高校审美教育的目的体现在以下紧密联系、互为促进的方面。

一、培养学生的审美感受力与鉴赏力

审美感受力是个体对美的基本感知能力，这种能力使个体能够识别和欣赏艺术作品中的美，无论是在视觉、听觉还是在触觉上。而鉴赏力则更进一步，不仅包括对艺术作品的感知，还包括对艺术作品的深入理解和评价，以及对艺术作品的历史背景、创作意图、技术技巧和文化意义的分析。鉴赏力的培养有助于个体形成独立的审美判断，从而对艺术作品进行批判性思考和价值评估。

高校可以通过多种方式来实现对学生的审美感受力与鉴赏力的有效培养。例如，组织学生参观艺术展览、观看戏剧表演、参与音乐制作等，让学生在亲身体验中感知美。又如，通过艺术理论课程，教授学生如何从不同角度分析艺术作品，提升他们的鉴赏力。此外，鼓励学生在日常生活中观察和分析周围的美，如校园建筑、校园环境等，将审美教育融入日常生活，可以提高他们的审美能力。这种能力的提升不仅丰富了学生的个人生活，也为他们的职业生涯奠定了宝贵的基础。

二、激发学生的审美创造力与创新精神

个体在审美活动中创造新形式和新内容的能力，通常被称为审美创造力。这种能力包括丰富的想象力、原创性思维以及艺术表达的自由度。培养审美创造力有助于个体在艺术创作中展现个性和创新精神，进而创作出独一无二的艺术作品。此外，创新精神也是面对挑战和机遇时勇于尝试和探索新可能性，不断寻求突破和改进的关键。这种精神不仅在艺术创作中至关重要，也是科学、技术、商业等领域成功的关键因素。

高校可以通过艺术创作课程、工作坊和创新项目，激励学生将创意转化为看得见、摸得着的艺术作品，从而促进他们的审美创造力发展。这些实践活动不仅锻炼了学生的动手能力，也激发了他们的创新精神。学生可以通过参与艺术竞赛、展览和研讨会来增强竞争意识和面对挑战

的勇气。同时，教育者应重视培养学生的批判性思维，鼓励他们在学习中提出问题、解决问题，培养学生独立思考的能力，帮助他们成为能够独立思考和解决问题的创新者。

三、促进学生的全面发展与人文素养提升

审美教育不仅注重艺术技能的培养，更致力学生的全面发展，包括情感、认知、社会交往能力以及人文素养的提升。通过艺术的形式，审美教育帮助学生理解和体验人类的情感和经历，培养他们的同理心和道德判断力。此外，审美教育强调对人类文化遗产的理解和尊重，有助于学生形成全球视野和对文化多样性的认知。

高校的审美教育通过跨学科的课程设计，如将艺术与心理学、社会学等学科相结合，帮助学生形成对人类文化遗产的深刻理解和尊重。通过参与艺术活动和社会实践，如社区艺术项目等，学生能够在实践中培养团队合作精神和领导能力，提升社交和沟通技巧。同时，通过这些活动，学生还能够提升自身的道德情操和文化品位，成为更具人文素养的公民。

四、为社会文化发展和传承贡献力量

高校的审美教育旨在培养学生成为社会文化发展的积极参与者和传承者。这不仅涉及对传统文化的保护和传承，还包括对当代文化的创新性发展。通过学习和实践，学生能够深刻理解传统文化的价值，并将其与现代审美观念相结合，创作出具有时代特色的艺术作品。高校应该鼓励学生参与到社会文化活动中，成为文化发展的推动者、引领者和传播者。学生可以结合研究和保护本地的非物质文化遗产的学习，参与到社区艺术项目和文化传承活动中，还可以通过撰写研究报告、制作纪录片等形式，将研究成果分享给更多的人。此外，高校可以鼓励学生参与到面向社会的艺术教育中，如在中小学担任艺术教育志愿者，这样既能传承文化，又能提升沟通和组织能力。通过这样的教育和实践，学生将成为未来社会文化发展的中坚力量。

第四节　高校审美教育的特征

高校审美教育的特征可以揭示出高校审美教育的核心价值和运作方式且与时代发展紧密联系，体现出社会文化的进步和创新。

一、人文性

人文性是高校审美教育的重要特征，体现了审美教育对人类文化和精神价值的深刻理解与尊重，超越艺术知识和技能的传授，更重视培养学生的人文关怀和文化自觉，使学生在审美体验中领悟人生的意义与价值。这强调了对传统文化的继承，也注重对学生情感世界的培养，期待通过深入学习艺术作品，让学生体验到审美的愉悦、洞察作品背后的文化意义和人文精神，从而丰富学生的文化底蕴和人文视野。

在高校中，审美教育的人文性可以通过多种方式得以体现和强化。例如，通过临摹中国古代书画作品，学生不仅掌握技艺，也在艺术创作中体会到美的追求，提升自身的道德修养和人格魅力。通过学习《诗经》等儒家经典作品，学生不仅能获得文学知识，还能体悟深层的道德和哲学思想，实现丰富的文化和道德滋养。高校应开设文学、哲学、历史学等相关课程，引导学生深入探讨人类文明的精髓。这些课程使学生能够了解不同文化背景下人们的思想情感和生活状态，拓宽人文视野。通过学习和研究不同时期的文学作品，学生可以深入了解人类历史中的文化变迁和社会进步，这种跨时空的学习体验也有助于学生形成全面的世界观、人生观和价值观。高校还可以组织文化节、艺术展览等活动，让学生在实践中体验和传承文化。这些活动不仅为学生提供了展示艺术才华的平台，也使他们有机会亲身参与到文化传承的过程中。通过实践，学生能够更直观地感受到艺术和文化的力量，理解它们在社会发展中的重要作用。此外，高校还应鼓励学生参与社区艺术项目和公共艺创作，将艺术带入社区，让学生有机会与来自不同背景的人进行情感交流。通过这些项目，学生能够学习到艺术如何影响和改变人们的生活，同时能够学习如何通过艺术来促进人与人之间的情感联结和社会融合。审美教育的人文性还体现在对学生批判性思维的培养上，在艺术理论课程中，学生通过学习和尝试对艺术作品进行分析，提出自己的见解。这种批判性思维的培养有助于学生形成独立的艺术判断力和审美观，这可以为他们未来的艺术创作和学术研究打下坚实的基础。高校还可以通过与其他文化机构的合作，为学生提供更广阔的实践平台。例如，高校与当地的剧院、画廊、博物馆等文化机构合作，让学生参与到展览策划、艺术教育项目、文化活动的组织中。这些合作项目不仅为学生提供了宝贵的实践经验，也使他们有机会与专业人士交流，了解艺术领域的最新动态。

高校审美教育的人文性通过强调对传统文化的传承，注重对学生情感世界的培养，以及提供丰富的文化体验和实践机会，使学生在审美体验中领悟人生的意义与价值。这不仅丰富了学生的精神世界，也为以后的审美教育奠定了深厚的人文基础。通过人文性的审美教育，学生能够在未来的生活和工作中持续地追求和创造美，成为具有深刻人文理解和创造力的个体。

二、时代性

高校审美教育需与时俱进，与社会发展同步，反映社会的特征与需求。教育内容和方法应不断融入新的艺术形式和表达方式。高校审美教育应重视对传统艺术的传承，同时强调对现代艺术的创新性发展，如艺术与科技等的结合，体现审美教育与社会发展的紧密联系。

从古典文学的经典韵味到现代影视的多元表达，审美教育的演变清晰映射了时代的脉动。文学和艺术一直是传递审美价值和文化精神的重要媒介。中国古代的唐诗宋词、古希腊的雕塑、意大利文艺复兴时期的绘画，不仅展现了当时的艺术成就，也反映了那个时代的文化精神和审美标准。例如，徐悲鸿的《奔马图》①以其奔腾的骏马形象象征不屈和抗争，这幅画作不仅是艺术欣赏的对象，更通过作品中蕴含的民族精神和时代呼唤，成为鼓舞民众的精神力量。这些艺术作品的创作和传播，提醒高校审美教育应关注时代主题，重视培养学生的民族意识和社会责任感。在现代社会，随着科技的发展和经济全球化的推进，审美教育开始融入现代影视、数字媒体艺术等新兴领域。这些领域以独特的表现形式和广泛的传播，成为新时代审美教育的重要载体。现代影视作为文化产品，提供了丰富的视觉和听觉体验，成为传递时代精神和文化价值的新平台。通过叙事和视觉语言，探讨社会正义、环境保护、文化多样性等议题，可以帮助学生理解现实社会的复杂性。数字媒体艺术的兴起为审美教育提供了新的视角和工具，学生通过学习数字摄影、视频制作、互动设计等技能，创作出反映时代特征的艺术作品，并参与社会问题的探讨和解决。

高校审美教育的时代性还体现在对现代社会问题的反映和回应上。学生通过参与社会艺术项目，如城市公共艺术设计、环保主题的艺术创作等，不仅能够在实践中提升自己的艺术技能，还能培养社会责任感和时代意识。例如，学生可以参与设计城市公共空间的壁画或雕塑，这些作品不仅美化了城市环境，还能传达出对社会问题的关注，有关环境保护或社会公正等，使艺术成为社会对话和变革的媒介。在经济全球化的今天，不同文化的交流和碰撞日益频繁，高校审美教育应培养学生的国际视野，使他们能够理解和欣赏不同文化背景下的艺术表达。

---

① 徐悲鸿的《奔马图》是其艺术生涯中的代表作之一，创作于 1941 年秋季。这幅作品以奔马为主题，将坚实的造型结构和中国画的笔墨韵味相融合，展现了马的力与美。画面中的奔马昂扬驰骋，予人以一往无前的精神力量，表达了徐悲鸿积极向上的乐观态度和对未来的向往，其中也包含了他对祖国的深深忧虑和期望。《奔马图》不仅在中国美术史上占有重要地位，更成为中华民族精神的象征，激励着无数中华儿女为祖国的繁荣富强而努力奋斗。

三、综合性

综合性体现了审美教育跨学科的特点，鼓励学生在艺术学习中融合不同学科的知识和方法，以获得更全面的艺术理解和创新能力。综合性的审美教育在于促进学生在不同学科之间建立联系，推动知识的整合和创新。一些高校开设了艺术与科技融合的课程，如数字媒体艺术和音乐技术。这些课程不仅要求学生掌握计算机编程、电子工程等科技知识，还鼓励他们发挥艺术创造力。通过这样的课程，学生能够创作出融合科技元素的艺术作品，如利用编程创造互动艺术装置或使用电子设备进行音乐创作。探索艺术与科学的结合点，用科学原理创作艺术作品，或用艺术形式表现科学概念，这种跨学科学习不仅加深了学生对艺术和科学的理解，还激发了他们的创新思维。除了课程交叉外，也有高校更进一步，如清华大学美术学院的信息艺术设计交叉学科硕士研究生项目联合了计算机科学与技术系、新闻与传播学院等，共同培养具备艺术与科技跨界融合能力的新型人才，清华大学还在机械工程、计算机、自动化、产品设计等学科的交叉融通的基础上设置智能工程与创意设计专业，以"新工科＋新设计"为核心，培养学生的创新思维和综合能力。

除了艺术和科技的结合外，综合性的审美教育也体现在艺术与人文社科的结合上。例如，艺术史课程不仅涉及艺术作品分析，还涉及历史、哲学、社会学等多个学科的知识。学生在学习艺术史的过程中，不仅学习艺术作品的形式和技巧，还可以学习作品背后的历史背景、文化意义和社会影响。这种综合性的学习方式使学生能够更深入地理解艺术作品的多维价值。在课程设置上，高校可以设计如艺术与心理学、艺术与城市研究等课程，这些课程要求学生运用多学科知识来分析艺术现象。通过这些课程，学生能够从不同角度审视艺术，理解艺术与人类经验、社会结构的复杂关系。

综合性的审美教育还体现在对学生批判性思维的培养上。艺术与哲学交叉的课程可以鼓励学生对艺术作品进行深入的哲学思考，探讨艺术与现实、艺术与道德等哲学问题。高校可以组织跨学科研讨会、工作坊和展览，为学生提供综合性学习的平台。在这些活动中，学生有机会与不同学科的专家进行交流，分享他们的跨学科学习经验，从而进一步拓宽视野，激发创新灵感。

四、实践性

实践性是高校审美教育的重要特征，通过将理论知识与实际操作相结合，使学生深入体验艺术创作的过程，从而更深刻地理解艺术的内涵和价值。这不仅提升了学生的实践技能，还激发了他们的创新精神和社会参与意识。

在实践性的审美教育的推动下，学生被鼓励走出传统的课堂环境，进入艺术工作室、实验室等场所，将抽象的理论知识转化为具体的艺术成果。这样的转变不仅增强了学生的艺术创作和应用能力，也使他们能够亲身体验艺术创作的喜悦和挑战。通过参与社区艺术项目和艺术展览策划等活动，学生的社会实践能力得到显著提升。这些活动考验学生在多个层面上的能力，从确定展览主题、邀请艺术家，到场地布置和宣传推广，每一个环节都成为学生展示和提升综合能力的舞台。高校还可以通过与剧院、画廊、博物馆等文化机构的合作，为学生提供更广阔的实践平台。在这些合作项目中，学生不仅能获得宝贵的实践经验，还能与艺术领域的专业人士进行交流，从而及时了解艺术界的新趋势和发展动态。了解艺术创作的过程对于学生而言也十分重要，这让他们体验到艺术创作的乐趣和挑战。通过工作坊、大师班等形式，学生得以与艺术家紧密合作，学习他们的创作方法和艺术理念。这种亲密的互动为学生提供了宝贵的第一手创作经验，帮助他们更深入地理解艺术的本质。

实践性的审美教育也鼓励学生参与到艺术研究项目中，这些项目覆盖了艺术史、艺术评论等多个领域。在参与这些项目的过程中，学生不仅提升研究能力，还学会如何将理论与实践相结合，形成自己独到的艺术见解。此外，实践性的审美教育还着重培养学生的批判性思维。在艺术评论课程中，学生被鼓励深入分析艺术作品，并提出自己的见解，这有助于他们形成独立的艺术判断力和审美观。高校可以组织艺术比赛、展览和演出等活动，为学生提供展示自己作品的机会。这些活动不仅提升学生的自信心和成就感，也使他们的作品得到了更广泛的评价和认可。通过参与艺术作品的创作、展示和评价，学生能够更全面地理解艺术在社会实践中的作用和意义。

五、直观性

直观性是审美教育通过具体可感的艺术形象来激发学生情感和想象的特征。这使学生能够在直观的艺术体验中感受美，进而激发他们的创造力和想象力。直观性的审美教育使学生通过对艺术作品的感性认识，达到对美的深层次理解和感悟。高校可以通过各种艺术作品，如绘画、雕塑、摄影等，让学生在直观的艺术体验中感受美。高校利用这些艺术作品的直观形象，可以引导学生进行情感体验和审美思考，激发他们的创新思维。例如，在艺术展览中，学生可以欣赏不同艺术家的作品，感受作品中的情感和思想。这种直接的艺术体验，使学生能够与艺术作品进行深入对话，从而提升他们的审美鉴赏能力和创造力。高校还可以鼓励学生创作自己的艺术作品，通过实践来表达自己的情感和想象。在创作过程中，学生不仅能够提升自己的艺术技巧，还能够学习如何将个人的情感和想象转化为具体可感的艺术形式。这种创作实践，使学生能够更深刻地理解艺术的表达力和沟通力，同时增强解决问题的能力。

在艺术史课程的教学中，教师可以通过分析历史上的艺术作品，让学生直观地理解不同艺术流派的风格特点和历史背景。这种直观的教学方法，使学生能够跨越时空的限制，与历史上的艺术大师进行心灵对话，从而加深他们对艺术史的理解。直观性的审美教育还鼓励学生参与艺术评论。在这一过程中，学生被鼓励对艺术作品进行深入观察和分析，提出自己的见解。这种批判性的思维训练，使学生能够从多个角度审视艺术作品，形成自己独到的审美观点。高校还可以利用虚拟现实和增强现实等现代科技手段，为学生提供更加直观的艺术体验。通过这些技术，学生可以沉浸在艺术作品的虚拟环境中，体验艺术作品的空间感和立体感。直观性的审美教育也体现在艺术治疗和艺术心理的教学中。艺术作品的直观形象能够触动学生的情感，帮助他们表达和处理自己的情感体验。在艺术治疗的过程中，学生可以通过绘画、雕塑等艺术形式，展现自己的内心世界，从而实现情感的宣泄和心理的平衡。通过直观性的审美教育，学生能够将个人的情感和想象转化为具体可感的艺术形式，从而在艺术创作和社会实践中做出更大的贡献。

六、情感性

情感性是审美教育通过艺术作品的感染力来引导学生进行情感体验的特征。这使学生能够在艺术欣赏和创作中表达和体验情感，培养情感智力，从而实现情感的共鸣和心灵的陶冶，进一步理解和表达个人及他人的情感，提升人际交往能力。高校通过开设艺术治疗、情感表达等课程，可以为学生提供理解和表达情感的平台。这些课程帮助学生将艺术作为媒介，探索和表达内心的情感世界。例如，在艺术治疗课程中，学生可以通过绘画、音乐等艺术形式来表达和处理自己的情感。这种治疗性的艺术活动不仅帮助学生探索和解决内心的问题，而且促进了他们的情感释放和自我认知。

艺术创作也是情感性的审美教育的重要组成部分。高校鼓励学生参与情感主题的艺术创作，如创作关于亲情、友情等主题的艺术作品。在这一过程中，学生被鼓励挖掘和表达深层次的情感体验，这不仅增强了他们的情感表达能力，而且使他们更深刻地理解人类情感的复杂性和普遍性。

情感性的审美教育还体现在艺术欣赏课程中。通过欣赏不同艺术流派和艺术家的作品，学生能够体验到艺术家的情感世界，从而培养情感共鸣能力。这种共鸣能力使学生能够在欣赏艺术作品时产生情感上的共鸣，增强对艺术作品的感知和理解。以《黄河大合唱》[1]为例，这部作品以雄壮的旋律和激昂的歌词，在抗战时期成为激励人心的号角，体现了审美教育的情感性。它不仅是一部音乐作品，更是一段历史的情感记录，激励着一代又一代人。它的传唱不仅提升了学生的音乐素养，更重要的是强化了他们的民族自豪感和爱国热情。学生通过参与合唱，体验到团结的力量，这种集体的审美情感体验具有特别的意义。

七、自由性

自由性体现了审美教育的非强制性和开放性，它尊重学生的个性化发展，鼓励学生在自由探索中发现美、创造美。在这样的环境中，学生的个性化发展受到尊重，他们被鼓励自由探索，发现并创造美。这不仅促进了学生个性的全面发展，也是培养学生创新能力的有效途径。

要实现自由性的审美教育，高校应提供多样化的艺术课程，允许学生根据自己的兴趣自由选择。例如，一个对雕塑有热情的学生可以选择雕塑课程，通过动手实践来掌握立体造型的技巧，而对摄影感兴趣的学生则可以选修摄影课程，学习如何通过镜头捕捉和表达光影之美。这种选课自由度让学生能够追求自己热爱的艺术形式，深化对艺术的理解和个性化表达。

自主学习同样是自由性的审美教育的关键组成部分。学生没有程式化的课程结构限制，可以探索自己感兴趣的艺术领域。例如，对当代艺术感兴趣的学生可能会选择独立研究某位当代艺术家的作品，或是探索某个当代艺术流派的发展。自由性的审美教育鼓励学生主动寻找资源，提出并解决问题。高校还应鼓励学生参与自由创作和表达的艺术活动，

---

[1]《黄河大合唱》是冼星海最重要且最具影响力的大型合唱声乐套曲，创作于1939年3月，1941年在苏联整理加工。该作品由光未然作词，以黄河为题材，颂扬了中华民族的光荣历史和中国人民的不屈斗争精神，揭露了侵略者的残暴行径和人民的苦难，广泛描绘了抗日战争的宏伟画面，并向全世界发出了民族解放的战斗号召，塑造了中华民族英勇无畏的英雄形象。

如开放主题的艺术创作项目。这些项目不设定具体的内容，也没有形式限制，让学生的创造力得以充分发挥。

总之，自由性的审美教育可以通过自由选课、自主学习、自由创作等，为学生提供自由探索的空间，尊重学生的个性化发展，鼓励他们在自由探索中发现美、创造美，从而实现个性的充分发展和创新能力的培养。通过自由性的审美教育，学生能够在不受限制的环境中发展自己的艺术兴趣和才能，成为具有创新精神和独立思考能力的个体。

八、浸润性

浸润性体现在通过校园文化和日常活动的自然渗透，使学生在不经意间接受美的熏陶上。这如同细雨般悄无声息地滋润着学生的心田，使他们在轻松愉悦的氛围中感受和领悟美的力量。通过浸润性的审美教育，学生能够在日常生活中不断接触和体验艺术，从而逐渐培养出对美的感知和欣赏能力。要实现浸润性的审美教育，高校可以精心设计校园环境，使之成为艺术的展示平台。校园的建筑、园林和公共空间都可以融入艺术元素，让学生在校园的每一个角落都能接触到美的元素。例如，校园内可以设置艺术雕塑，不仅能够美化环境，还能激发学生的想象力和创造力。通过这样的环境设计，学生在日常生活中就能自然地接触到艺术，从而在无形中提升审美素养。

除了校园环境的设计，高校还可以通过定期举办艺术展览、音乐会、戏剧表演和文化节等活动，为学生提供近距离接触艺术的机会。这些活动不仅丰富了校园文化生活，也使学生在非正式的学习环境中获得审美体验。例如，一场户外的爵士音乐会可以让学生在轻松的氛围中感受音乐的魅力，而一场现代舞蹈表演则可以让他们体验到身体语言的力量。通过参与这些活动，学生能够在轻松的环境中自然地吸收艺术的养分。高校还应该在课程设置中融入审美元素。这意味着，不仅是艺术类课程，其他专业的课程也可以结合美学原理，让学生在学习专业知识的同时，培养审美能力。例如，建筑学课程可以包含建筑美学的内容，而文学课程则可以分析文学作品中的审美价值。通过这种方式，学生能够在各个学科领域中体验到美，从而全面提升审美素养。

此外，高校可以鼓励学生参与到校园文化建设中来，通过组织学生艺术社团、开展艺术创作比赛等活动，让学生在实践中学习和体验美。这种参与性的活动不仅能够提高学生的艺术技能，还能够促进他们对艺术的理解和欣赏。例如，学生可以参加绘画社团，在教师和同学的指导下提高绘画技巧，也可以参与校园剧社，通过表演来体验戏剧艺术的魅力。通过这些实践活动，学生能够从不同角度理解和欣赏美，从而在无形中培养出对美的感知和欣赏能力。浸润性的审美教育还体现在对学生日常生活的渗透上。高校可以利用宿舍、食堂、图书馆等日常场所，展示学生的艺术作品或者举办小型的艺术活动。这些日常场所的艺术展示和活动，使学生在日常生活中就能接触到艺术，从而在不经意间提升审美素养。

校园文化和日常活动的自然渗透，可以使学生在轻松愉悦的氛围中感受和领悟美的力量。精心设计的校园环境、定期举办的艺术活动、融入审美元素的课程设置，以及鼓励学生参与校园文化建设，高校能够为学生提供一个全方位的艺术浸润环境。这使学生能够在日常生活中不断接触和体验艺术，从而逐渐培养出对美的感知和欣赏能力，为未来生活和职业发展奠定坚实的基础。

九、合作性

合作性强调审美教育中师生之间、学生之间以及高校与社会之间的互动和合作，促进了知识的交流和创意的碰撞。高校审美教育鼓励开放的交流和合作，通过共享资源和经验，推动审美教育的发展。

合作性的审美教育体现在师生之间的密切互动上。教师不仅是知识的传递者，还是学生学习过程中的引导者和合作者。例如，在艺术史的课堂上，教师可以引导学生进行小组讨论，共同探讨不同艺术流派的特点和历史背景。这种互动式的学习方式鼓励学生分享自己的观点，倾听他人的想法，从而促进了知识的深入理解和创意的激发。学生之间的合作也是合作性审美教育的重要组成部分。通过小组合作完成艺术项目，学生能够在实践中学习如何沟通、协调和协作。例如，学生可以组成团队，共同策划并执行一个公共艺术项目。在这个过程中，每个学生都承担不同的角色，如设计、制作、宣传等，他们需要相互合作，共同解决问题，以确保项目的顺利完成。这种合作经验不仅提升了学生的艺术技能，也锻炼了他们的团队协作能力。高校与社会之间的合作为学生提供了更广阔的实践平台。通过与社区、企业等社会机构的合作，高校可以开展艺术教育和社会服务项目。例如，高校可以与当地社区合作，组织学生参与社区壁画的创作。在这个过程中，学生不仅能够将艺术带入社区、改善社区环境，还能够与社区成员进行交流，了解他们的需求和期望。这种社会实践活动增强了学生的社会合作能力，培养了学生的团队协作精神，同时激发了学生的社会责任感。合作性的审美教育还体现在跨学科的合作项目中。艺术学与科学、工程学、文学等其他领域的结合，能够形成新的创意和视角。例如，艺术学与计算机科学专业的学生可以合作开发数字艺术项目，将艺术的美感与技术的创新结合起来，创造出全新的艺术体验。这种跨学科的合作不仅拓宽了学生的知识视野，也促进了不同领域之间的知识交流和创意碰撞。

高校还可以通过组织研讨会、工作坊、艺术合作项目等活动，进一步促进师生之间、学生之间的交流和合作。这些活动为学生提供了展示自己作品的平台，同时使他们接触到不同的观点和想法。例如，高校可以举办一年一度的艺术展览，邀请学生、教师和社区成员共同参与。在这个展览中，学生可以展示他们在课堂上或在社区合作项目中创作的艺术作品，而教师和社区成员则可以提供反馈和建议。这种互动可以增强学生的艺术表达能力。在课程设置上，高校可以将合作性作为学习和评价的一个重要方面。例如，课程项目可以要求学生进行小组合作，共同完成一个与课程内容相关的艺术创作或研究。在这一过程中，学生需要共同解决问题，以达成项目目标。这种合作性的学习方式使学生在实践中明白了团队合作的重要性，同时提升了沟通和协调能力。

合作性的审美教育通过促进师生之间、学生之间以及高校与社会之间的互动和合作，增强了学生的社会合作能力，培养了学生的团队协作精神。通过参与研讨会、工作坊、艺术项目等活动，学生能够在实践中学习和体验合作的重要性。合作性的审美教育使学生在共同推动审美教育发展的过程中，获得了宝贵的经验和技能，为他们的未来生活和职业发展奠定了坚实的基础。

十、长期性

长期性意味着审美教育对学生的影响是深远和持久的。审美教育不限于学生在校期间的学习体验，还在他们的心中留下深刻的印记，影响他们未来的生活和职业选择，转化为持续的审美追求和创造力。

在长期性的审美教育中，高校致力通过持续的艺术教育和实践活动，培养学生的审美习惯和审美追求。学生的审美体验对其个人成长的长远影响至关重要。例如，通过参与长期的艺术创作项目，学生不仅能够锻炼自己的艺术技能，还能够在创作过程中深化对美的理解，形成自己独特的审美视角。定期参加艺术展览和文化活动，也使学生能够不断接触新的艺术形式和创意表达，从而拓宽他们的审美视野。高校可以通过设置一系列的艺术课程和工作坊，鼓励学生持续参与艺术活动。这些课程和工作坊可以涵盖不同的艺术领域，如绘画、雕塑、音乐、戏剧等，让学生有机会探索多种艺术表达方式。通过这些活动，学生能够在实践中学习，不断地提升自己的审美能力和创造力。例如，一个对绘画有兴趣的学生可以通过参加绘画工作坊，学习不同的绘画技巧和风格，从而逐渐形成自己的艺术风格。

长期性的审美教育还强调将审美体验与学生的未来职业发展相结合。高校可以鼓励学生将他们在审美教育中获得的技能和观念应用到未来的职业领域。例如，学习设计的学生可以将他们对色彩、形状和构图的理解应用到平面设计、室内设计或工业设计中。学习教育的学生则可以将他们对艺术教学的热情和理解应用到未来的教学实践中，激发下一代的创造力和想象力。此外，高校可以与企业和社区合作，为学生提供实习和实践机会。这些机会使学生能够在真实的环境中应用他们的艺术技能和审美观念，从而加深他们对艺术在社会中的作用的理解。例如，设计专业的学生可以在设计公司的实习过程中，参与实际的项目设计，从而了解设计的商业应用和社会责任。长期性的审美教育还体现在对学生终身学习的鼓励上。高校可以提供在线课程和继续教育项目，使学生在毕业后仍然有机会继续他们的艺术学习。这种终身学习的机会不仅使学生能够不断更新自己的知识和技能，也使他们能够在变化的世界中保持竞争力。

长期性的审美教育强调审美体验对学生个人成长的长远影响。通过持续的艺术教育和实践活动，高校培养学生的审美习惯和审美追求，使他们能够在未来的生活和工作中持续追求和创造美。通过将审美教育与职业发展相结合，高校为学生提供了实现艺术梦想的坚实基础。长期性的审美教育使学生在毕业后仍然能够继续他们的艺术探索和创作，为他们的未来生活和职业发展奠定了坚实的基础。

高校审美教育是一个多维度、跨学科的复杂体系，通过一系列独有的特征来实现教育目标。这些特征不仅体现了审美教育的深度和广度，而且与时代发展和社会需求紧密联系，共同塑造了高校审美教育的全貌。

人文性强调了对人类文化和精神价值的深刻理解和尊重，要求学生在审美体验中感悟人生的意义和价值，培养深厚的文化底蕴和宽广的人文视野；时代性则要求审美教育与社会发展同步，不断更新内容和方法，以适应社会变迁和科技进步，培养学生的社会责任感和时代意识；综合性展现了审美教育跨学科的特点，整合不同学科的知识和方法，可以使学生具备宽广的知识视野和批判性思维，促进了学生全面而深入的艺术理解；实践性通过提供丰富的艺术创作和社会实践机会，使学生能够将理论知识应用于实际操作，提升实践能力，激发创新精神；直观性利用艺术作品的直观形象，引导学生进行情感体验和审美思考，使学生在审美体验中直观感受美，形成创新思维；情感性通过艺术作品的感染力引导学生进行情感体验，从而实现情感的共鸣和心灵的陶冶，塑造丰富的情感世界；自由性尊重学生的个性化发展，鼓励学生在自由探索中发现美、创造美，实现个性的充分发展和创新能力的培养；浸润性通过校园文化和日常活动的渗透，营造艺术化的环境和氛围，使学生在无形中受到美的熏陶；合作性强调审美教育中师生之间、学生之间以及高校与社会之间的互动和合作，促进了知识的交流和创意的碰撞；长期性指出审美教育对学生的影响是长期而深刻的，它在学生心中留下持久的印象，转化为未来生活和职业发展中的审美追求和创造力。

这些特征的集合，不仅为学生提供了一个全面发展的平台，而且确保了审美教育能够适应不断变化的社会需求，培养出能够在未来社会中发挥积极作用的人才。这些特征使高校审美教育能够激发学生的创造力，培养他们的审美情趣，同时促进他们形成人文关怀和社会责任感，使他们成为具备高度审美素养和人文情怀的全面性人才。

第五节　高校审美教育的原则

审美教育的深远目标和初心所在，即在生活的细微之处引导学生展现内在美，将审美教育的理念渗透到日常生活中的每一个角落。不得不承认，现代教育体系中存在着审美教育功利化倾向，以及对艺术和人文本质的偏离，人们必须重新审视并确立审美教育的原则。在深入探讨了高校审美教育的一系列特征之后，人们发现这些特征并非孤立存在的，而是遵循一定的原则和理念的。这些原则是审美教育实践的指导思想，确保了教育活动的有效性和针对性，同时反映了教育者对于审美教育价值和目标的深刻理解，它们是实现前述特征的基础，也是确保教育质量的关键。通过这些原则的指导，高校审美教育能够更加有效地培养学生的审美能力，激发他们的创造力，同时促进他们的全面发展。本书将详细探讨这些原则如何在高校审美教育中得到体现和实施。

　　审美教育的特征与原则，一方面展示了审美教育的外在表现，另一方面则深刻揭示了审美教育的内在逻辑，为教育实践提供了理论指导。探讨高校审美教育，需深入分析其特征背后的原理，并据此提炼出一系列原则，以确保审美教育活动能够深入学生学习和生活的每一个角落，引导学生在细微处展现内在美。高校审美教育需遵循以下原则：学生中心原则，关注学生个性发展和全面需求；情感共鸣原则，建立教育者与受教育者之间的情感共鸣，通过艺术作品触动学生内心；文化融合原则，融入多元文化元素，尊重文化多样性；创新驱动原则，激发学生的创新意识，增强学生的创造能力；实践导向原则，将理论知识与实践相结合，通过实践活动让学生应用所学；终身学习原则，鼓励学生建立终身学习意识，打破校园的局限；内涵养成原则，引导学生形成正确的价值观和审美观，助推学生内在精神成长；整合育人原则，促进审美教育与其他教育领域相结合，形成教育的整合效应。

　　这些原则相互关联、相互支持，共同构成了一个全面、协调、系统的审美教育原则体系。遵循这些原则，高校可以更有效地设计和实施审美教育课程，培养出既有深厚艺术修养，又有高尚道德情操，能够适应快速变化社会的高素质人才。在这一过程中，高校审美教育工作者需不断反思和探索，以开放的心态接纳多元文化，以创新的思维设计教学活动，以人文的关怀关注学生成长。通过持续的努力，高校审美教育才能够更好地履行培养全面发展人才的使命，为社会培养出更多具有创新精神、批判性思维和高尚情操的现代人才，为社会的持续发展和文化繁荣做出积极贡献。

一、学生中心原则

　　学生中心原则应深植于教育的每一个环节，强调教育应深刻洞察并尊重每个学生的个性与需求，以此激发其独特性和创造性潜能。这种以学生为本的教育原则，不仅是审美教育的基石，更是推动教育实践创新与深化的核心动力。

审美教育的实践需围绕学生展开，通过创造一个包容的、鼓励探索与创新的学习环境，唤醒学生的学习热情，培育其创造力与批判性思维。教育者应设计互动性强、参与度高的教学活动，如小组讨论、角色扮演、艺术创作等，引导学生在实践中学习，在体验中成长。同时，高校提供丰富的学习资源，涵盖不同艺术流派、多元文化背景及跨学科知识，以拓宽学生的审美视野。

在目标的设定上，重点应放在培养学生的自我认知、创造力和批判性思维，以及对艺术和美的深刻理解上。教育者需引导学生进行深入的自我探索，帮助他们发现并认识自身的兴趣、优势和价值观。鼓励学生投身于创新性的艺术实践，如个人艺术作品的创作、艺术展览的策划等，培养其创新能力。

以北京大学的创意写作课程为例，该课程以学生的兴趣和个性化需求为核心，设计了互动性、参与性强的教学活动，如工作坊、写作研讨和文学沙龙，以此激发学生的学习热情和创造力。该课程邀请了多位知名作家和学者进行专题讲座，覆盖了多种文体写作，不仅拓宽了学生的审美视野，也促进了学生对艺术和美的深刻理解。学生在教师的引导下，通过大量的写作训练，如新诗、小说、剧本等，锻炼了自己的艺术表达能力，并在实践中培养了批判性思维。该课程的教学目标旨在培养学生的自我认知、创造力和批判性思维。教师通过专业的反馈和建议，帮助学生发现并认识自身的兴趣和优势，鼓励他们投身于创新性的艺术实践，如个人艺术作品的创作和艺术展览的策划，从而培养学生的创新能力。

学生中心原则作为高校审美教育的理论基础和实践指南，通过尊重学生个性、鼓励主动参与、培养自我认知和创造力，为学生的全面发展提供了平台。教育者在实施过程中的不断探索和创新，旨在满足学生的个性化学习需求，促进他们的审美能力和人文素养的全面提升，如此，教育者才能更好地履行培养全面发展人才的使命。

二、情感共鸣原则

情感共鸣原则的核心在于通过对审美载体的深度体验，激发学生的情感参与，从而在教育者与学生之间建立起情感的桥梁。该原则认为，艺术作品等审美载体不仅能够提供审美的愉悦，更能触及人的内心世界，引发深刻的情感体验。教育者应将审美载体作为情感交流的媒介，引导学生探索和表达个人情感，同时促进对作品深层次意义的理解。

在实施过程中，教育者需重视学生的情感体验，通过组织对艺术作品等的分析、角色扮演、情感写作这类教学活动，引导学生深入探讨艺术作品背后的情感和故事。这种教学方法不仅增加了学生对艺术的感知深度，也培养了他们的同理心和情感表达能力。通过这样的互动，学生能够在艺术欣赏和创作中找到情感的共鸣点，进而提升他们的审美敏感性和鉴赏力。此外，教育者应鼓励学生之间交流与分享，以促进情感共鸣的集体体验。在这一过程中，学生不仅学习艺术的形式和技巧，还能通过对艺术作品的欣赏和创作，体验和表达情感，实现情感共鸣。例如，清华大学通过创作和排演原创校园话剧《马兰花开》，不仅让学生学习了表演艺术，还使学生通过参与剧目的创作与演出，表达了对国家历史和科技工作者精神的感悟。这样的活动不仅提升了学生的审美能力和艺术表达技巧，也加深了他们对国家和社会责任的认识。话剧《马兰花开》以"两弹元勋"邓稼先的事迹为蓝本，师生的演出让爱国精神和科学精神"活"起来，显著提升了社会主义核心价值观在师生中的感染力和传播度。剧目的创排过程是学校以美育人、以文化人、立德树人的生动缩影，诠释了依托审美教育创新育人的全新理念。另外，在教育实践中情感共鸣原则的应用不局限于传统艺术形式，应适用于现代多媒体艺术和数字艺术。教育部《关于全面实施学校美育浸润行动的通知》中"美育智慧教育赋能行动"强调了数字技术在提升学生审美体验和情感共鸣中的作用。通过数字技术的融入，学生能够在互动和沉浸式学习中更深刻地感知艺术作品的情感表达，从而加深对作品内涵的理解。

情感共鸣原则的教育目标是提升学生的审美感受力和鉴赏力，培养学生的同理心和人文关怀精神。通过情感共鸣的审美体验，学生能够更加敏锐地感知艺术作品的情感表达，更深刻地理解作品的内涵，从而提升审美鉴赏力。情感共鸣原则在高校审美教育中的应用，不仅丰富了学生的审美体验，也促进了他们情感和认知能力的全面发展。教育者应不断创新教学方法，以满足学生的情感需求，促进学生情感和审美的全面发展，为培养具有深刻人文素养和审美能力的现代人才奠定坚实的基础。

三、文化融合原则

文化融合原则是实现教育多元化和培养学生全球视野的关键。该原则的核心理念强调审美教育应超越单一文化的局限，融入多元文化元素，尊重文化多样性，并促进学生对不同文化背景下艺术表达的理解和尊重。

在实施过程中，教育内容的设计需特别关注传统与现代、本土与国际的广泛领域。这意味着教育者应引入不同文化背景下的艺术作品，包括但不限于不同国家和地区的文学、音乐、绘画、雕塑和建筑等。通过这样的教育内容，学生不仅能够认识艺术的多样性，还能够在比较和对照中深化对每一种文化特色的理解。例如，上海大学上海美术学院的审美教育案例"爱上中国美——二十四节气非遗美育课程研发、教学实践及教材编撰"，通过二十四节气非遗美育课程将中国传统文化与审美教育教学相结合。该案例在2023年上海市学校美育案例征集活动中获得了奖项，展示了如何将中国式审美教育融入学生的日常生活，让中华优秀传统文化走进学生中间。课程内容涵盖了染织绣、竹编、造纸、风筝、擀毡、泥塑等二十四项非遗项目，让学生在二十四节气更替之际，了解中国民间习俗，体验中国传统工艺，感悟日常生活、自然材料、传统工艺之间的关系。此外，鼓励跨文化学习和交流是文化融合原则的另一实施重点。教育者可以通过组织国际艺术节、文化节，开展学生交换项目等活动，为学生提供亲身体验和参与不同文化活动的机会。这种跨文化的互动和体验，有助于学生建立跨文化沟通的能力，增强对不同文化价值和观念的认识与尊重。

教育目标的实现旨在培养学生的全球视野和文化包容性。通过审美教育，学生能够认识到艺术是人类共同的语言，每种文化都有独特的艺术表达和审美价值。这种认识将为学生未来在经济全球化背景下的生活和工作打下坚实的基础，使他们能够在多元文化的交流与合作中发挥积极作用。高校可以采取多种措施，如建立多元文化教育的课程体系，加强师资队伍的跨文化教育培训，以及与国际教育机构合作，共同开发和实施跨文化教育项目。通过这些措施，高校审美教育能够更有效地促进学生的全面发展，为多元文化的融合奠定坚实的基础。

四、创新驱动原则

创新驱动原则是推动学生个性化发展和创造性思维形成的核心动力。该原则的核心理念是，审美教育应当超越传统的模仿和复制，致力于激发学生的创新意识，培养他们的创造能力。通过艺术创作和审美体验，学生能够展现独特的个性和创新精神，这对于培养他们成为未来社会创新的推动者至关重要。

实施创新驱动原则时，教育方法的选择至关重要。教育者应采用灵活多样的教学策略，如项目式学习、翻转课堂、协作探究等，这些方法能够激发学生的好奇心和探究欲，鼓励他们进行探索性学习和批判性思考。在这一过程中，学生不仅学习艺术的技巧和知识，更通过实践活动，如工作坊、实验室研究、现场考察等，获得创造性表达的平台和机会。例如，北京科技大学的案例《艺工融合，协同创新——北京科技大学"三维一体"美育育人体系建构与实践》，通过将艺术与工科深度融合，推动了跨学科的协同创新，为学生搭建了一个富有创造力的平台。在这一体系下，学生被激励在融合探索中找寻个性化的创新表达。同时，通过积极参与各类创新项目和实践活动，如设计竞赛和技术创新研讨会，学生培养了创新思维和实践能力，为未来的创新发展注入了源源不断的动力。

教育目标的实现旨在培养学生的独立思考和问题解决能力。通过审美教育，学生能够学会如何独立分析问题、提出创意解决方案，并应用于艺术创作和社会实践中。这种能力的培养对于学生的创新思维和社会适应能力至关重要，为他们未来的学术研究或职业生涯打下了坚实的基础。高校可以采取一系列措施，如建立创新实验室，鼓励学生参与前沿艺术项目；开展跨学科课程，促进不同领域知识的融合与创新；与行业合作伙伴建立联系，为学生提供实际应用创新思维的机会。通过这些措施，高校审美教育能够更有效地激发学生的创新潜能，为社会培养出具有创新能力和高度适应性的人才。

五、实践导向原则

实践导向原则的核心理念强调审美教育应当与实践紧密结合，通过艺术创作、展览策划、社区服务等实践活动，使学生将所学的理论知识转化为实际应用，从而深化对艺术的理解。

在实施过程中，教育者需特别强化实践环节，确保学生有充足的机会参与到实际操作中。这不仅包括艺术技巧的练习，还涉及艺术作品的创作、艺术展览的策划以及艺术服务项目的实施等。通过这些活动，学生能够在实践中学习，通过亲身体验来提升自己的艺术技能和审美能力。例如，清华大学的京昆艺术文化传承基地通过将京昆艺术课程纳入正规教学，为学生提供了深入学习和实践这一传统艺术形式的机会。通过剧目排演和专场演出，学生不仅学习了京昆艺术的表演技巧，更在实践中锻炼了艺术表达和创新能力，同时增强了对传统文化的认同和传承意识。此外，实践导向原则还鼓励学生走出课堂，参与社区艺术项目和公共艺术服务，这不仅有助于学生了解艺术在社会中的作用，还能够增强他们的社会责任感和公民意识。在这些实践活动中，学生会面对真实的问题和挑战，会运用创新思维和批判性思维来寻找解决方案。

教育目标的实现旨在培养学生的实践能力和创新精神，提高他们解决实际问题的能力。通过实践导向的审美教育，学生学会将艺术与现实生活紧密结合，运用艺术来表达自己的思想和情感，以及运用艺术来解决社会问题。这些能力对于学生未来的个人发展和职业生涯都具有重要意义。

高校可以采取多种措施，如建立艺术工作室和实验室，提供必要的设施和资源；与社区和文化机构建立合作关系，为学生提供实践机会；鼓励学生参与国内外的艺术展览和比赛，以增加他们的实践经验，提升他们的专业水平。通过这些措施，高校审美教育能够更有效地促进学生的全面发展，培养出既有深厚艺术修养，又有实践能力和创新精神的高素质人才。

六、终身学习原则

终身学习原则是确保学生适应快速变化社会的关键。该原则的核心理念是，审美教育不应局限于校园内的学习，而应着眼于学生的终身发展，鼓励学生建立起持续学习和自我提升的意识。

实施终身学习原则，教育目标的设定要超越校园的边界，延伸至学生的职业生涯和个人生活。这意味着教育者需提供能够支持学生毕业后继续学习的资源和平台，如在线课程、研讨会、工作坊和专业社群等。通过这些资源，学生能够在离开校园后继续学习审美知识和技能，保持与艺术领域的最新发展同步。例如，中国美术学院的"国美夜校"便是一个典型案例，它为广大市民提供了开放的艺术教育课程，课程内容丰富多元，包括植鞣革皮具手作、植物染织物手作、摔泥片陶艺手作、文人花鸟画鉴赏与临摹等，旨在满足不同背景市民的艺术需求，提升市民的艺术素养和培养他们的个人兴趣。

教育过程应强化自主学习的能力和终身学习的重要性。教育者应设计灵活多样的学习路径，鼓励学生根据自己的兴趣和职业发展需要，选择个性化的学习内容和方式。同时，教育者也应培养学生的批判性思维和自我反思能力，使他们能够独立地评估学习资源，制订学习计划，并调整学习策略以适应不断变化的学习需求。

教育目标的实现旨在培养学生的自主学习能力和终身学习意识。通过审美教育，学生能够认识到学习是一个持续的过程，不仅在学术上，也在个人兴趣和职业发展上。这种能力为学生的持续成长和适应社会变革打下坚实的基础，使他们能够在未来的工作和生活中不断进步和创新。

高校可以采取一系列措施，如建立终身学习资源库，提供多样化的学习材料和工具；与专业机构和行业伙伴合作，为学生提供实习、就业和继续教育的机会；鼓励学生参与学术研究和创造性项目，以促进他们的深度学习和实践经验积累。通过这些措施，高校审美教育能够更有效地激发学生的终身学习热情，为他们的全面发展和长期成功奠定基础。

七、内涵养成原则

内涵养成原则的核心理念强调审美教育不仅仅是技艺的教授，更是一种深层次的精神和道德教育。其目的在于引导学生形成正确的价值观和审美观，同时注重内在精神的成长和个性的塑造。

在实施过程中，教育者应通过对艺术作品的深度解读和审美体验，促进学生的思考和感悟。这包括对艺术作品中所蕴含的道德观念、文化精神和社会价值的探讨，以及对艺术风格、表现手法和审美趋势的分析。通过这样的教育活动，学生不仅能够提升对艺术的感知和欣赏能力，还能够在审美体验中培养自己的道德情操和社会责任感。此外，内涵养成原则还要求教育者鼓励学生对美进行独立思考。这涉及培养学生批判性思维的能力，使他们能够对各种艺术现象和审美趋势进行独立分析和评价。教育者应提供一个开放和包容的环境，鼓励学生表达自己的观点，尊重他们的个性化选择，同时引导他们形成对美的深刻理解和个人品位。例如，复旦大学的美育系列讲堂"大美中国"第四讲《我 @ 轻音乐》活动通过高品质的音乐演出和深入的艺术讲解，不仅为学生提供了审美体验，更在精神层面上进行了深刻的教育和引导。在活动中，上海轻音乐团和复旦大学书院 LUMOS 合唱团的表演以及特聘导师的专题讲座，共同构成了一个充满启发性的审美过程，激发了学生对美的思考和感悟。通过这种方式，学生不仅学习了音乐的技巧和知识，更通过活动对艺术作品背后所蕴含的道德观念、文化精神和社会价值进行探讨。这种教育活动帮助学生建立积极的生活态度和健康的生活方式，为学生的终身发展奠定了坚实的基础。

教育目标的实现旨在帮助学生建立起坚定的文化自信，形成积极的生活态度和健康的生活方式。通过内涵养成的审美教育，学生学会如何在多元文化的环境中保持自己的文化身份，如何在面对生活和工作的压力时保持积极乐观的心态，以及如何在快节奏的现代社会中寻找到内心的宁静和满足。

为了达到教育目标，高校可以采取以下措施：开设以文化自信和审美体验为核心的课程，组织艺术展览和文化活动，提供艺术创作和批评的平台，以及建立与社会和文化机构的合作关系，为学生提供实践和体验的机会。通过这些措施，高校审美教育能够更有效地促进学生的全面发展，培养出既有深厚艺术修养又有健全人格的现代人才。

八、整合育人原则

整合育人原则的核心理念是，审美教育不应孤立进行，而应与其他教育领域如科学、技术、工程和数学等领域相结合，形成一种整合的教育效应。这种跨学科的教育模式，可以促进学生在知识、技能、情感和价值观等多方面的协调发展。

实施整合育人原则，教育者需推动跨学科的教学方法和课程设计，打破学科间的壁垒，促进不同领域知识的交流与融合。例如，将艺术与科学相结合，不仅可以提高学生的审美素养，还能激发他们在科学探索中的创新思维。通过这种整合，学生能够在不同学科之间建立联系，形成更为全面的知识结构和认知框架。例如，清华大学美术学院实施"大美育"理念，通过将审美教育与科学、技术等深度融合，推动了教育的全面进步。该学院不仅开设了信息艺术设计等交叉学科课程，还积极开展国际合作项目，帮助学生拓宽全球视野。该学院鼓励学生参与非物质文化遗产的传承和各种社会实践活动，显著提升了他们的文化自信和社会责任感。此外，通过精心打造校园文化环境，审美教育的实践效果得到了进一步强化，为学生提供了一个更加全面发展的平台。此外，整合育人原则还鼓励教育者设计综合性的学习项目，如跨学科研究、团队合作项目和社会实践活动，这些都能够为学生提供全面、多元的学习体验。在这些活动中，学生不仅能够学习专业知识，还能够培养团队合作能力、领导能力和解决复杂问题的能力。

教育目标的实现旨在培养具有创新精神、批判性思维和高尚情操的现代人才。通过整合育人的审美教育，学生能够在多元文化的背景下进行有效沟通，能够在复杂多变的环境中做出明智判断，能够在面对社会挑战时展现出责任感和领导能力。这些能力对于学生未来的学术研究、职业发展和社会生活都至关重要。

高校可以采取以下措施：建立跨学科教育平台，鼓励教师开展跨学科教学研究；开发综合性课程，将审美教育与其他学科相结合；与行业和社会机构合作，为学生提供实践机会，让他们在真实环境中应用所学知识。通过这些措施，高校审美教育能够更有效地促进学生的全面发展，为他们未来的成功奠定坚实的基础。

以上这些原则共同构成了高校审美教育的理论基础，它们相互支持、相互补充，共同促进学生在审美能力和人文素养方面的全面发展。通过遵循这些原则，高校可以更有效地设计和实施审美教育课程，培养具有创新精神、批判性思维和高尚情操的现代人才。

第三章　高校审美教育的理论基础

本章深入探讨了高校审美教育的理论基础，这一基础不仅广泛而且深远，涵盖了哲学、教育学、艺术学和社会学等多个学科领域。通过这些理论基础的支撑，高校审美教育能够更加科学、系统地培养和提升学生的审美情感、审美能力和审美品位，促进学生全面发展。

审美教育的哲学渊源为审美教育提供了深刻的思想基础。从先秦儒学的道德与审美的内在联系，到道家思想的自然主义视角，再到古希腊哲学对美的本质的探索，这些哲学思想共同构筑了审美教育的丰富内涵。德国古典美学家如康德（Kant）、黑格尔（Hegel）和席勒（Schiller）的深刻哲学分析，启蒙时代及其后现代哲学对审美判断的主观性与普遍性的探讨，都为审美教育提供了坚实的本体论和认识论基础。

审美教育的教育学基础涵盖了教育学各主要流派观点、教育心理学核心概念以及教育现代化的基本理念。进步主义、要素主义、改造主义等教育流派，以及行为主义、认知主义和建构主义等教育心理学理论，为高校审美教育提供了多样化的视角和方法。教育现代化的基本理念，如以德为先、全面发展、面向人人、终身学习等，进一步明确了审美教育的目标与方向。

在艺术学的支撑下，高校审美教育强调艺术史、艺术美学、艺术批评和艺术创作的重要性。艺术史课程使学生了解不同历史时期和地区的艺术发展，艺术美学探讨艺术的审美特性和价值，艺术批评提供系统的分析框架和评价体系，而艺术创作则鼓励学生亲自实践，体验艺术的魅力。这些艺术学的理论和实践，为学生构建了全面的艺术知识框架，使他们能够深入理解艺术的本质、特征及在人类文化中的地位。

从社会学视角看，审美教育与社会结构、社会文化资本的积累以及社会变迁紧密相关。社会建构主义、文化再生产理论和社会互动理论等社会学理论，为审美教育的理论构建提供了新的视角。社会阶层、性别角色等社会结构因素，以及技术迭代革新、全球化进程和文化多元化等社会变迁，对审美教育的内容、形式及目标产生了深远影响。审美教育在促进个体社会地位提升、文化认同形成以及社会凝聚力增强方面发挥着重要作用。

高校审美教育的理论基础是多维度、跨学科的，涉及哲学、教育学、艺术学和社会学等多个领域。这些理论基础不仅为审美教育提供了深刻的思想支撑，也为其提供了科学、系统的教学方法。通过这些理论基础的指导，高校审美教育能够更加有效地培养学生的审美情感、审美能力和审美品位，促进学生全面发展，为社会培养出具有创新精神、批判性思维和高尚情操的现代人才。

第一节　审美教育的哲学渊源

审美教育与哲学思想在人类文化历史中紧密联系，共同构建了人类对美的深入理解和不懈追求。德国哲学家康德在《判断力批判》中明确指出："美是一种无目的的合目的性。"这一观点揭示了美的本质是超越功利和具体目的的，它以一种内在的和谐与统一，满足了人的主观心理机能，引发审美愉悦。审美教育的核心价值在于通过美的浸润培养个体的审美感知力、创造力及文化素养，引导人们在生活中体验美的和谐与统一，丰富精神世界。

哲学为审美教育提供了坚实的思想基础和发展方向。哲学思想通过探索世界的本质、人生的意义和价值，深入探讨美的本质、艺术价值及审美体验，提供了对美的深刻理解，并揭示了艺术背后的社会、文化和历史内涵。哲学的引导使人们能够全面认识美的主观性和客观性，以及普遍性和特殊性，洞察艺术作品的形式之美及其深层含义，并深入理解审美体验的产生过程和个体在审美中的心理情感变化。这些哲学贡献为审美教育打下了坚实的本体论和认识论的基础，使得审美教育的目标与方法更加明确和科学。

哲学为高校审美教育提供了坚实的理论支持和多元的思考角度。哲学传统强调内在修养和精神境界的提升，倡导和谐之美，以及与自然相融、追求天人合一的审美理念，这在传统艺术形式如山水画和书法中得到了充分体现。同时，哲学也通过理性分析和思辨，探索美的本质，这一点对艺术创作和审美理论同样有显著的影响。这些观点共同构成了审美教育的思想基石，为教育实践提供了丰富的资源。教育在促进个人成长和社会文化发展中具有重要性，而哲学的多元视角为这一过程增加了深度和广度。

一、先秦儒学

先秦儒学以孔子、孟子、荀子为代表，不仅塑造了中国传统道德观念，而且为审美教育提供了坚实的哲学基础。孔子的仁爱思想，强调了道德与审美的内在联系，认为美不仅体现在外在形式上，更蕴含着内在的道德意义。这种理念为审美教育提供了深刻的哲学视角，即通过艺术作品引导学生领悟更深层次的道德观念和人生价值。孟子的"性善论"进一步丰富了儒家审美教育的内涵。孟子认为每个人都有天生的善良本性，这种本性可以通过审美教育得到激发和提升。在审美过程中，人们可以通过对美的感悟和追求，唤醒内心深处的善良与美好。荀子虽然主张"性恶论"，但他也看到了教育的力量，认为审美教育不仅是一种美的享受，更是一种道德的教化。通过艺术的引导，人们可以认识到自己的不足，努力向善、改变自身的本性。

儒家的"礼"文化不仅涵盖了日常生活中的礼节和规矩，更扩展到社会生活的各个层面，成为维系人际关系和社会秩序的基石。"礼"所倡导的和谐、尊重与秩序，通过规范个体行为，促进了社会的稳定与和谐。

孔子的"不学礼，无以立"凸显了"礼"在个人修养和社交互动中的核心地位。"礼"文化为审美教育提供了一种独特的视角，鼓励人们在面对多元的艺术形式和文化传统时，展现出谦逊和敬畏的态度，并保持一颗开放与包容的心。这种态度有助于人们领会艺术的多样性，并学会尊重和欣赏不同文化背景下的审美观念。"礼"文化的教育意义在于，它能够引导学生认识到，尽管世界各地的审美标准和艺术表现形式各不相同，但它们共同构成了人类宝贵的文化遗产，人们应当以一种谦卑和敬重的心态探索和学习。在高校的审美教育中，挖掘这些儒家思想资源并融入教学实践，有助于全面培养学生的审美能力、道德素养和人文精神。通过融合先秦儒学的哲学视角和道德支撑，高校审美教育可以更有效地促进学生的全面发展，促进学生对艺术的深刻理解和对文化多样性的尊重。

二、道家思想

道家思想以老子和庄子为代表，为审美教育提供了自然主义视角。老子的"道法自然"观点，强调顺应自然、无为而治。老子在《道德经》中言："道常无为，而无不为。"这一观点在审美教育中被转化为对艺术自然美的尊重与追求。这鼓励人们摒弃过度的雕琢和人为的修饰，让艺术回归其最本真、最自然的状态。这种追求自然美的审美理念，对于后世艺术家追求真实、自然的艺术风格产生了深远的影响。这告诉人们，美往往隐藏在朴素无华之中，不需要进行过多的人为加工，便能展现出独特的魅力。

庄子的"齐物论"进一步扩展了人们的审美视野。庄子主张万物皆一，无高低贵贱之分。庄子在《齐物论》中提出："天地与我并生，而万物与我为一。"这一思想有助于人们在审美过程中摒弃偏见，以更加开放和包容的心态欣赏和理解不同类型的艺术作品。这提醒人们，每一种艺术形式都有其独特的价值和美感，不应被简单地划分。通过摒弃偏见，人们能够更加全面地领略艺术的多样性。

在高校审美教育中，融合道家的哲学思想至关重要。这不仅引导学生深入思考艺术与自然的关系，还促进了学生对多元文化背景下审美价值的探索。高校审美教育应当培养学生对自然美的敏感性，鼓励他们超越表面的审美习惯，探索艺术作品更深层的意义。同时，教师应鼓励学生以庄子"齐物论"中的平等视角，欣赏不同文化和风格背景下的艺术创作，从而培养学生的全球视野和文化包容性。通过这样的教育实践，学生能够在审美体验中实现个人修养的提升，学会以更加自然、真实的态度面对艺术，领略到更多元、更深层次的美。道家思想为高校审美教育提供了丰富的哲学资源和教学指导，有助于学生形成全面的世界观、人生观和价值观，为他们的终身学习和个人发展奠定坚实的基础。

三、古希腊哲学

古希腊哲学家对美的理解构成了西方审美思想的基石。柏拉图（Plato）在《理想国》中提出理念论，认为美的本质存在于理念世界。这一理论不仅对美学家和艺术家产生了深远影响，也为高校审美教育提供了一种超越具体艺术形式，探索美的本质的途径。柏拉图认为艺术家通过模仿理念中的美来创作，这一观点深刻地影响了后世对艺术创作过程的理解。

亚里士多德（Aristotle）在《诗学》中提出，美是事物固有的属性，与事物的秩序、对称和确定性有关。他的理论强调了艺术再现自然的同时，通过模仿揭示了事物的普遍性。亚里士多德的理论鼓励当代学生探索艺术作品如何通过形式和内容的和谐来表达内在价值，培养学生对艺术作品深层次结构和意义的理解。

毕达哥拉斯学派以数为宇宙之本，将美与数的和谐紧密联系，认为美的本质在于数的比例与和谐。这一观点对音乐、建筑等艺术领域产生了深远的影响，并在高校审美教育中启发学生探索数学比例在艺术创作中的应用。

斯多葛学派则强调道德之美与内心平静，认为真正的幸福源于内心的和谐与宁静。这一思想引导学生追求内心的美和道德的提升。在高校审美教育中，斯多葛学派的思想鼓励学生探讨艺术作品如何反映和提升个人的道德情操。

四、文艺复兴时期的哲学

文艺复兴时期的人文主义美学标志着对古典文化的重新评价和个人主义的兴起。这一时期的艺术家如达·芬奇（Leonardo da Vinci）、米开朗琪罗（Michelangelo）、拉斐尔（Raphael）和提香（Titian），他们的作品展现了对人类复杂性的深刻理解。例如，达·芬奇的《蒙娜丽莎》和《最后的晚餐》不仅在技艺上达到了高峰，而且在表现人的复杂性上具有划时代的意义。米开朗琪罗的《大卫》和西斯廷教堂天顶画则展现了人类肉体和精神力量的雄浑与伟大。

文艺复兴时期的美学思想可以激发当代学生对艺术与人文价值之间联系的思考。高校审美教育的教育者可以引导学生分析这些艺术家的作品，探讨艺术家如何通过艺术表达对人性、情感和思想的理解。此外，文艺复兴时期的艺术实践鼓励学生探索艺术与科学、哲学的交叉领域，促进了学生创新精神和实践能力的培养。

五、德国古典美学

德国古典美学家康德、黑格尔以及席勒对审美理念进行了深刻的哲学分析。康德在《判断力批判》中提出审美判断的主观性和普遍性，他的理论鼓励学生理解审美经验的无私性和普遍性，以及如何在个人感受与普遍价值之间找到平衡。黑格尔在《美学》一书中展现的美学体系则更加注重艺术与历史的辩证关系，他的理论为人们理解艺术作品的历史和文化背景提供了深刻的见解。席勒在《美育书简》中探讨了审美教育的重要性，认为通过艺术和美的体验可以培养人的道德和理性，这一观点对高校审美教育具有重要的启示作用。

德国古典美学的深刻理论为当代高校审美教育提供了一种框架，帮助学生深入理解艺术作品。通过康德的审美判断理论，学生可以学习如何超越个人偏好欣赏艺术作品的普遍价值。黑格尔的历史观念则引导学生理解艺术作品如何与时代背景相互作用，反映出精神和文化的演变。席勒的审美教育思想则被引入讨论，强调艺术在培养个人道德和理性方面的重要作用。教育者可以利用这些理论来设计课程，不仅包括对经典文本的研读，也包括对艺术作品的现场分析和批评写作，从而激发学生的审美思考和文化批判能力。

六、启蒙时代及其后现代哲学

启蒙时代，也被称为"理性时代"，这一时期发生了18世纪较具影响力的一场文化运动。这一时期不仅强调了理性与科学的至高无上，更对传统权威和宗教教条进行了有力的批判。在审美领域，康德等启蒙时代的哲学家对审美判断的主观性与普遍性进行了深入探讨。康德的《判断力批判》更是为理性主义美学奠定了坚实的基石。值得注意的是，理性主义美学并非一成不变的，其内部存在多样性和复杂性。理性主义不仅仅是对理性的推崇，还是对知识、真理和方法论的深入探讨。例如，笛卡尔（Descartes）的"我思故我在"是对知识起源的深刻反思，而斯宾诺莎（Spinoza）则试图用几何学的方法来构建哲学体系，显示了理性主义的严谨和复杂性。19世纪的浪漫主义对启蒙时代的理性主义进行了深刻的反思。与理性主义不同，浪漫主义更加注重个人情感的自由表达、对自然美的崇尚以及对传统审美标准的挑战。这一时期的艺术家追求独特性和个性化的创作，使得艺术作品呈现出前所未有的多样性和情感深度。现实主义在19世纪中期至20世纪初崭露头角，作为一种艺术和文学运动，它密切关注社会现实和日常生活的点点滴滴，致力通过艺术真实反映社会状况和人性。现实主义艺术家深入洞察社会现象，揭示其背后的本质和规律，展现了极强的复杂性和深刻性。而到了20世纪，现代主义以全新的姿态登上历史舞台。它大力倡导创新、多样性和艺术的自主性。现代主义艺术家勇于探索未知的表达方式，不断挑战观众的感知和理解力。从抽象表现主义到立体主义，再到超现实主义等多种流派和风格涌现，现代主义以其独特的艺术追求和表现形式彰显了无与伦比的多样性和创新性。

启蒙时代的理性主义美学为当代学生提供了一种追求明确性和客观性的审美标准。这种美学观念鼓励学生发展批判性思维，学习基于理性分析来评价艺术作品的美学价值。浪漫主义美学强调个性表达和情感体验，鼓励学生探索个人与艺术之间的独特联系，以及如何通过艺术来传达深层的情感和个人视角。现实主义美学则引导学生关注艺术如何捕捉和反映现实世界的复杂性。学生被鼓励深入分析艺术作品如何描绘社会结构、个人经历和历史背景，以及这些作品如何作为社会批判的工具。通过对现实主义作家如巴尔扎克（Balzac）和艺术家如米勒（Millet）的作品进行学习，学生可以更好地理解艺术与社会现实之间的密切联系。现代主义美学带来了对传统艺术形式的挑战和创新，鼓励学生打破常规，尝试新的表达方式，探索艺术的边界。现代主义艺术家如毕加索（Picasso）和弗吉尼亚·伍尔夫（Virginia Woolf）的作品，激发学生思考艺术如何通过非传统的形式和结构来传达深刻的内容和批判性的思想。

七、其他哲学思想

除此之外，墨家、法家和禅宗也为高校审美教育提供了丰富的思想资源和启示。

墨家的"兼爱非攻"理念，其核心在于平等与博爱，这一思想在审美教育中体现为对不同文化和艺术风格的尊重与包容。墨子提倡的"视人之国，若视其国"，鼓励教育者和学习者超越界限，培养全球视野和文化包容性。在高校中，这可以转化为课程设计和教学方法，鼓励学生以开放心态接触多元文化，从而促进跨文化理解和尊重。

法家的规范和秩序思想，强调社会伦理和道德规范的重要性。高校可通过课程内容的设置，引导学生分析艺术作品与社会伦理的关系，培养学生审美思辨能力和社会责任感。这种教育不仅帮助学生理解艺术作品的深层含义，而且促使他们在创作和欣赏中自觉遵循社会伦理和道德规范。

禅宗的个体直觉和感悟，鼓励从内心出发感受艺术，追求"空灵"的审美状态。禅宗的审美方式，如静坐冥想，为高校审美教育提供了一种超越传统视觉艺术的体验方式。高校可以通过工作坊、艺术体验活动等形式，让学生在冥想和内省中深入体验艺术作品的情感与意境，提升审美层次，实现全身心的审美体验。通过与这些哲学流派思想的融合，高校审美教育可以更全面地培养学生的审美能力和社会责任感。

在深入探讨哲学思想与审美教育的密切关系后，人们更能理解哲学在塑造审美理解和艺术追求上的重要性。儒家思想中道德与审美的紧密结合、道家对自然主义审美的推崇，以及其他学派对艺术与社会伦理的洞察，都极大地促进了学生对艺术作品的深入理解和欣赏，同时促进了对学生个人修养和文化包容性的培养。哲学为审美教育提供了丰富的理论基础和多元的视角，这些思想资源融合在高校审美教育实践中，不仅提升了学生的审美能力，还培养了他们的批判性思维和社会责任感。在审美体验中，学生得以提升个人修养，学会以更加开放和多元的视角理解和创造美。教育者应设计教学活动，引导学生在审美体验中实现个人成长，以自然和真实的态度面对艺术，探索更多元、更深层次的美。通过哲学的引领，学生可以学会如何在多元文化的背景下，以更加开放和包容的心态理解和创造美，为成为具有全球视野的公民打下坚实的基础。哲学与审美教育的结合，不仅丰富了教育内容，也为学生的全面发展和终身学习提供了宝贵的指导，使他们能够在快速变化的世界中，继续探索和欣赏美的不同表现形式。

第二节　审美教育的教育学基础

审美教育作为高校教育的重要组成部分，其教育学基础涵盖了教育学各主要流派观点、教育心理学核心概念以及教育现代化的基本理念等与高校审美教育的密切关联，这些不仅为审美教育提供了坚实的理论支撑和实践方向，同时促进了学生审美能力与综合素质的提升。本节将从这几方面入手，深入探讨这些观点、概念、理念在高校审美教育中的具体应用，分析它们应用的特点和意义，以期为高校审美教育的发展提供有益的参考和借鉴。

一、教育流派与高校审美教育

随着教育学的不断发展与演进，各种教育流派涌现，它们各自独特的教育主张、思想体系和理论体系为教育领域带来了丰富的活力和深刻的思考。这些教育流派不仅在教育实践中产生影响，也为高校审美教育提供了多样化的视角和方法，使得审美教育得以在多元化的学习环境中蓬勃发展，进一步提升了学生的审美能力和综合素质。

教育流派作为教育理论的派别，它们的形成和发展源于对教育问题的深入研究和探索。这些流派在教育实践和教育研究中提出了关于教育的不同看法和主张，逐渐形成了各自独特的体系。它们之间的学术争鸣和学派内的推陈出新，对于繁荣教育科学研究、发展与完善教育理论起到了积极的推动作用。在 20 世纪的欧美，进步主义、要素主义、改造主义、永恒主义和存在主义等教育流派相继崭露头角，它们的教育理念和思想为教育领域带来了革新和启示。同样，这些教育流派的思想和理念也为高校审美教育提供了新的视角和方法，使得审美教育得以在更加广阔的领域内探索和实践。本书分析部分主要的教育流派在高校审美教育中的具体体现和影响，以期为高校审美教育的发展提供有益的参考和借鉴。

（一）进步主义教育流派

进步主义教育起源于 20 世纪初的美国，当时正值社会变革之际，人们开始质疑传统教育的刻板。这种教育理念的出现，反映了社会对教育改革的迫切需求，旨在为学生提供更加符合他们成长规律和成长需要的教育环境。进步主义教育的核心在于强调教育应以学生为中心，充分尊重和关注学生的个性差异和创造性思维。这一主张倡导通过实践活动进行学习，鼓励学生主动参与和探索，以激发他们的学习兴趣和内在动力。杜威（Dewey）作为进步主义教育的代表人物，其代表作《民主与教育》深刻阐述了他的教育理念，他认为教育应顺应学生自然成长的规律，促进学生全面发展。

在实践层面，进步主义教育推动了教育实践的重大变革。它不仅影响了美国的教育体系，更在全球范围内引发了教育改革运动，为世界教育的发展注入了新的活力。而在高校审美教育领域，进步主义教育同样展现了其独特的价值。它鼓励学生在审美活动中进行自我探索和创造性表达，强调艺术教育中的体验和实践，使得学生在欣赏美、创造美的过程中得到全面的发展。这种教育理念将审美教育与学生的全面发展紧密结合，进一步丰富了高校审美教育的内涵，提升了审美教育效果。

（二）要素主义教育流派

要素主义教育兴起于 20 世纪 30 年代，当时社会对进步主义教育进行了一定的反思，认为进步主义教育过于强调学生的个人经验和活动，而忽视了学科知识的系统性和严谨性。要素主义教育正是作为一种对进步主义教育的反思而出现的，它强调教育在社会稳定和文化传承中的重要作用。

要素主义教育主张教育应致力于传授文化中的核心和永恒要素，这些要素被认为是构成人类文化遗产和社会稳定的基石。在教育实践中，要素主义强调学科知识的系统性和严谨性，认为只有通过系统学习和掌握这些基本要素，个体才能全面发展，为社会做出贡献。

威廉·巴格莱（William Bagley）作为要素主义教育哲学的代表人物，其代表作《要素主义者促进美国教育的纲领》深入阐述了要素主义的教育理念。巴格莱认为，教育应该超越表面的变化和时尚，专注于那些永恒不变、对个体和社会都至关重要的知识领域。

在实际成效和社会影响方面，要素主义教育为教育内容和方法提供了一种保守的替代方案。它主张回归学科知识的本质和核心，强调教育应该为学生提供基础知识和基本技能。这种教育理念对教育政策产生了一定的影响，促使一些国家和地区重新审视和调整教育内容和方式。

在与高校审美教育的联系上，要素主义教育可能着重于教授艺术史、艺术技巧等基础知识。通过系统学习和掌握基础知识，学生能够形成审美判断力，更好地理解和欣赏艺术作品。同时，要素主义教育还强调艺术教育的系统性和严谨性，认为艺术教育不仅可以培养学生的个人兴趣和爱好，还可以提高学生的综合素质。

（三）改造主义教育流派

改造主义教育的社会根源可以追溯到 20 世纪 30 年代的大萧条时期。在这个动荡不安的时代背景下，人们质疑传统教育体制，认为教育未能有效地应对社会危机和变革。改造主义教育强调教育在社会改革中的重要作用，主张通过教育来引导社会变革和进步。改造主义教育主张教育不仅要关系个人的成长和发展，更应紧密关注社会问题，致力培养学生的社会责任感和改革意识。改造主义教育认为教育应当成为社会变革和进步的重要工具，通过教育引导学生认识到社会需要改进的地方，激发他们的改革热情和行动力。

乔治·康茨（George Counts）作为改造主义教育的代表人物，其代表作《学校敢于建立新的社会秩序吗？》详细阐述了改造主义的教育理念。康茨认为，教育应当承担起社会责任，致力社会的重建和进步。他强调，教育应当关注社会现实，培养学生的批判性思维和创新精神，使他们成为能够推动社会变革的积极力量。

在实际成效和社会影响方面，改造主义教育促进了教育与社会改革的紧密联系，鼓励教育者关注社会现实，引导学生参与社会改革运动，推动教育政策的调整和社会结构的变革。改造主义教育对后来的教育政策和社会运动产生了深远的影响，成为推动社会进步的重要力量。

在与高校审美教育的联系上，改造主义教育鼓励学生探索艺术如何反映和影响社会现实，认为艺术不仅仅是美的追求和表达，更是社会现实的反映和批判。通过艺术教育，学生可以更深入地了解社会现实，形成批判性思维和创新精神。改造主义教育鼓励学生通过艺术来表达对社会问题的关注和思考，通过艺术创作来推动社会变革和进步。这种教育理念有助于培养具有社会责任感和改革意识的新一代艺术家和文化工作者。

（四）永恒主义教育流派

永恒主义教育的社会根源可以追溯到 20 世纪中叶，当时的社会变革和文化冲突使得人们开始反思教育的本质和价值。在这一背景下，永恒主义教育流派应运而生，强调教育应当关注那些永恒不变的人类价值和真理，以培养学生的精神品质和思考能力。永恒主义教育流派主张教育应超越时间和文化的界限，专注于传授那些永恒不变的普遍真理和核心知识。永恒主义教育的教育理念是，无论时代如何变迁，人类面临的基本问题和思考的核心内容始终如一。因此，教育应当关注这些普遍真理，以培养学生的理性思考和批判能力。

代表人物罗伯特·赫钦斯（Robert Hutchins）在其著作《美国高等教育》中详细阐述了永恒主义教育的理念。赫钦斯认为，现代教育中普遍存在的文化失落问题，使得学生难以接触到那些能够塑造人类精神世界的经典作品和思想。因此，他主张教育应当回归经典，通过对经典作品的深入学习和研究，学生可以接触和理解那些超越时间和文化的普遍真理。

在实际成效和社会影响方面，永恒主义教育强调了经典作品在教育中的重要性，对课程设计和教育哲学产生了深远影响。一些高校开始重视经典课程的设置和教学，通过引导学生阅读和研究经典作品，培养他们的批判性思维和独立思考能力。这种教育模式有助于学生在复杂多变的社会环境中保持清醒的头脑和坚定的信仰。

在与高校审美教育的联系方面，永恒主义教育强调对经典艺术作品的深入研究以及艺术中普遍主题的探讨。艺术作品作为人类精神文化的重要组成部分，蕴含着丰富的普遍真理和核心知识。通过对经典艺术作品进行学习和研究，学生可以更好地理解人类的精神世界和文化传统，形成自己的审美能力和批判性思维。同时，对艺术中普遍主题的探讨也有助于学生思考人类共同面临的问题和挑战，增强他们的社会责任感和使命感。

（五）存在主义教育流派

存在主义教育兴起于 20 世纪中叶，正值对个体在社会中位置的哲学思考兴起之时。随着现代社会的发展，人们开始更加关注个体经验和内心世界，这也为存在主义教育发展提供了肥沃的土壤。

在教育主张上，存在主义教育强调个体自由、选择和个人责任的核心地位。它认为教育不仅仅是知识的传递，更重要的是帮助学生发现自我、理解生活的真正意义，并实现个人潜能的最大化。通过自我探索和内心反思，学生能够在学习过程中找到属于自己的价值和意义。

在代表人物方面，法国哲学家萨特（Sartre）是存在主义的重要代表，他的代表作《存在与虚无》深刻地探讨了人类存在的本质和意义。萨特的思想对于存在主义教育的发展产生了深远的影响，强调了个人主观性和自由选择的重要性。

在实际成效和社会影响方面，存在主义教育推动了教育实践中对学生个体差异的重视和教育的个性化。它鼓励学生根据自己的兴趣和特点来选择学习的方向和内容，从而培养出具有独立思考能力和创新精神的个体。同时，存在主义教育也强调学生的责任意识，鼓励他们为自己的选择和行为负责。

与高校审美教育的联系在于，存在主义教育鼓励学生通过艺术创作和表达来探索个人身份和生活意义。艺术作为一种自由的表达方式，能够让学生更加深入地了解自己的内心世界和情感体验，从而使学生在创作过程中实现自我发现和自我实现。同时，艺术作品本身也承载着作者的思想和情感，通过欣赏和分析艺术作品，学生可以更好地理解人类的存在和意义。

二、教育心理学与高校审美教育

在高校审美教育的领域中，教育心理学提供了关键的理论支撑和实践指导。这些理论不仅塑造了教育实践的框架，而且深刻影响了学生学习艺术的方式和效果。行为主义、认知主义和建构主义等作为教育心理学的主要支柱，各自为高校审美教育的发展贡献了独特的视角。

（一）行为主义

行为主义是 20 世纪初兴起的一种心理学理论，由约翰·B.沃森（John B. Watson）创立，后经斯金纳（Skinner）的深化和发展，为教育实践提供了独特的视角。沃森坚信心理学应是一门专注于可观察行为的客观科学，而非探究难以捉摸的内在心理状态。他曾明确指出："心理学应当安全地限制其领域，仅研究那些可观察的行为。"[①] 斯金纳进一步扩展了行为主义理论，特别是他提出的操作性条件反射理论，强调了正强化和负强化在塑造行为中的关键作用。斯金纳在《科学与人类行为》中说："强化的安排决定了行为的频率。"这一理念在教育实践中得到了广泛的应用，教育者通过精心设计的强化策略，引导学生形成积极的学习行为。

行为主义之所以成为教育学的一个重要流派，是因为它提供了一种系统的方法来观察、分析和塑造学习行为。在教育学领域，行为主义理论被用来设计教学策略和学习活动，强调通过外部刺激和反馈来塑造学生的学习行为。教育者利用这一理论来设计教学活动，通过重复练习和及时反馈，帮助学生掌握知识和技能。正强化，如奖励和表扬，被用作

---

① WATSON J B. Psychology as the behaviorist views it[J]. Psychological Review, 101（2）: 248-253.

激励学生学习的重要手段，而负强化则通过移除不愉快的刺激来促进学习行为。

将行为主义理论应用于高校审美教育，意味着教师可以利用这一理论来设计艺术技能的教学和审美习惯的培养。在艺术实践课程中，通过反复演示和练习，学生可以掌握绘画、雕塑等艺术技能。教师的及时反馈和正面评价，作为正强化的手段，可以激发学生的学习兴趣和动力。此外，创造一个积极的学习环境，如艺术展览、工作坊等，可以为学生提供丰富的审美体验和学习机会，这也是行为主义理论中环境对学习行为影响的体现。

通过应用行为主义理论，高校审美教育可以更有效地促进学生的艺术技能掌握和审美习惯养成，同时激发学生的创新精神，提升他们的审美表达能力。教师的积极反馈和精心设计的教学环境，将为学生的艺术实践和审美发展提供坚实的基础。

（二）认知主义

认知主义作为教育学的一个重要流派，其理论基础在于强调学习者内部的心理过程和认知结构在教育过程中的核心作用。这一理论流派由心理学家让·皮亚杰（Jean Piaget）和杰罗姆·布鲁纳（Jerome Bruner）等人发展，对教育学产生了深远的影响。皮亚杰的认知主义上文已经提及，布鲁纳《教育过程》中的螺旋课程理论认为，学习应该是一个螺旋上升的过程，这可以应用于审美教育，让学生在不同阶段深化对艺术作品的理解和欣赏。

认知主义理论之所以可以被看作教育学的一个流派，是因为它提供了一种关于如何通过教育促进学生认知发展的系统性理解。在高校审美教育中，认知主义理论的应用意味着教师可以设计出能够激发学生思考、分析和解决问题的教学活动，帮助学生形成独立的审美见解和批判性思维。通过引导学生深入分析艺术作品的形式、色彩、构图等要素，以及作品所表达的主题、情感、思想等深层内涵，认知主义理论为学生提供了一种全面理解和欣赏艺术的途径。

此外，认知主义理论还鼓励学生将艺术领域与其他学科领域相结合，如文学、历史学、哲学等，从而促进跨学科的学习和理解。这种跨学科的学习方式不仅能够加深学生对艺术作品的理解，还能够促进学生综合素质的提升，为学生的全面发展奠定坚实的基础。更进一步来看，认知主义理论还强调学生的主动性和创造性。在审美教育中，学生不应仅仅是被动地接受知识，而应成为积极的参与者和创造者。教师可以通过组织艺术创作、艺术评论和艺术研究等活动，激发学生的创造潜能，鼓励他们表达自己的独特见解和感受。这种主动参与的学习方式不仅能够提升学生的审美能力，还能培养他们的创新精神和批判性思维。

（三）建构主义

建构主义由列夫·维果茨基（Lev Vygotsky）等人提出。维果茨基在《教育心理学》中认为知识是通过社会互动和文化工具的使用而构建的。在审美教育中，这意味着学生通过参与和交流来形成审美观点。维果茨基的"近端发展区"（Zone of Proximal Development，ZPD）概念强调了教师和同伴在学生学习过程中的作用。在高校中，教师可以通过小组讨论、工作坊和展览等方式，鼓励学生在艺术创作和批评中相互学习和交流。

建构主义强调知识的社会建构性，认为学习是在社会文化互动中进行的。在高校审美教育中，建构主义理论鼓励学生参与到艺术作品的创作和讨论中，通过合作和交流来形成自己的审美观点。教师可以组织学生进行艺术创作实践，如绘画、雕塑、摄影等，让学生在实践中体验艺术的魅力和创作的乐趣。同时，教师还可以组织学生进行艺术作品欣赏和讨论活动，引导学生从不同角度分析和评价艺术作品，提升学生的批判性思维和创新能力。通过合作和交流，学生可以相互借鉴和学习，形成多元化的审美观点和视角，为未来的艺术实践和创新奠定坚实的基础。

三、教育现代化的基本理念与高校审美教育

教育现代化的基本理念作为教育领域中的核心指导原则，一直以来都为各级各类教育提供着坚实的理论支撑和明确的实践方向。《中国教育现代化 2035》提出的八大基本理念，包括以德为先、全面发展、面向人人、终身学习、因材施教、知行合一、融合发展和共建共享，为人们描绘了一个全面发展和终身学习的教育图景。

（一）以德为先

以德为先的理念深刻体现了道德教育的重要性，其目标在于塑造学生正确的价值观和道德观。引导学生欣赏和创作艺术作品，不仅让他们领略到美的多样形式与丰富内容，更重要的是，在这一过程中，他们能够深刻感受道德的力量，体会人性中的美好与善良。这种方式有效地融合了道德教育与审美教育，培养出的学生既具备崇高的道德品质，又拥有丰富的审美情趣，为他们打造了坚实的道德和审美基础。

（二）全面发展

全面发展的理念注重学生德智体美劳全面发展，提升学生综合素质，同时要求审美教育不仅仅要关注学生的审美能力，还要通过艺术创作、艺术评论等多样化活动，锻炼学生的思维能力、创新能力和表达能力。这种全面培养的方式有助于提升学生的综合素质，使他们能够在未来的学术和职业生涯中展现出更为丰富的个性和才能。

（三）面向人人

面向人人的理念彰显了教育的普及性、包容性。在审美教育的实践中，高校通过提供多元化、层次化的艺术课程和实践活动，力求确保每个学生都能依据自身兴趣和学术需求接触到艺术的核心领域，并从中获得深层次的审美体验。这不仅是对教育机会均等化的高度重视，更是教

育公平原则的实际应用，有助于构建更加公平、开放的审美教育环境。

（四）终身学习

终身学习的理念强调学习是一个持续不断的过程，鼓励学生培养自主学习的能力，以适应不断变化的社会环境。审美教育在这一过程中发挥着重要作用，它通过激发学生对艺术和美的持久兴趣，引导他们形成持续学习和探索的良好习惯。这种教育方式不仅有助于学生在艺术领域深入学习，还有助于培养他们的学习动力和探索精神。通过审美教育，学生可以学会自主获取知识，不断完善和更新自己的知识体系，从而为终身学习打下坚实的基础。这种自主学习的能力，将成为他们未来职业发展和个人成长的重要支撑。

（五）因材施教

因材施教的理念源于古代教育家的智慧，强调教育应尊重个体的差异性和独特性。在审美教育中，因材施教意味着教师需要根据每个学生的艺术天赋、兴趣特点和学习能力，制订个性化的教学计划和指导策略。这不仅是对学生个体差异的尊重，也是提升教育效果的关键。通过因材施教，每个学生都能在艺术学习中找到自己的位置，充分发掘和培养自己的艺术潜能，进而走出一条适合自己的艺术发展道路。

（六）知行合一

知行合一的理念是中国传统哲学中的重要思想，强调知识与实践的紧密结合。在审美教育中，知行合一鼓励学生不仅要获取知识，还要将这些知识转化为实际的艺术创作和审美体验。这种转化过程能够加深学生对艺术的理解，提升他们的艺术实践能力。同时，知行合一也培养了学生的创新思维和解决问题的能力，使他们在面对实际的艺术创作和审美问题时能够灵活运用所学知识，实现理论与实践的有机统一。

（七）融合发展

融合发展的理念体现了当代社会对多元化、综合性人才的需求。在审美教育中，融合发展倡导将艺术与科技、文化与历史等不同领域进行有机融合，打破传统的学科界限。通过跨学科的学习和实践，学生能够形成更加全面的艺术素养和创新能力，更好地适应未来社会的发展需求。这种融合式的学习方式也有助于拓宽学生的视野，激发他们的创造力和想象力，为艺术领域注入新的活力和创意。

（八）共建共享

共建共享的理念强调了合作与分享的精神，体现了教育的公平性和开放性。在高校审美教育中，共建共享鼓励学生、教师和学校共同参与艺术教育资源的建设和分享，形成教育资源的良性循环。建立艺术作品库、举办艺术展览等方式，可以让更多的人接触到优秀的艺术作品和教育资源，从而提高整个社会的艺术素养和审美能力。这种合作模式不仅促进了艺术教育的普及，还培养了学生的团队合作精神和社会责任感。

在高校审美教育中，八大基本理念相互交织，共同塑造了一个全面的教育图景。这些理念不仅各自发挥作用，而且相互支持和强化，形成了一个有机的整体。

全面发展理念要求学生在认知、情感、道德和社交等多个维度获得成长。此外，这一理念中蕴含的道德和价值观教育也与"以德为先"的理念相呼应，强调在教育过程中培养学生的道德责任感和社会使命感。全面发展源自对教育深层次价值的认识，它强调个体在认知、情感、道德和社交等多个维度上的成长，认为教育不仅仅是知识的传递，更是个体潜能的发掘和完善人格的塑造。需求层次理论为这些教育理念提供了心理学基础。这一理论表明，人的需求可以分为五个层次，从基本的生理需求和安全需求，到更高级的社交需求、尊重需求，直至自我实现需求。在这一层次结构中，自我实现代表着个体追求内在潜能的最大化和个人成长的顶峰。自我实现需求的满足涉及个人创造性、独立性、自发性以及对现实的深刻感知。教育学采纳了这一理论,认为教育应当帮助学生达到这一层次,使他们能够实现自我潜能,成为自我驱动、终身学习的人。在审美教育中,自我实现涉及个人潜能的实现和个人成长的渴望,这不仅仅包括知识和技能的掌握,还包括个人兴趣、创造力和审美能力的培养。高校审美教育通过提供丰富的艺术体验,旨在激发学生的内在动机,鼓励学生探索自我、表达个性,并通过艺术活动实现自我表达和个人成长。这种教育实践不仅满足了学生对美的追求,而且促进了学生情感和精神的成长,帮助学生形成全面的世界观。审美教育课程的设计应超越传统的知识传授,通过艺术欣赏和创作活动,引导学生深入体验艺术的情感力量,思考艺术与社会、文化、政治的深层次联系。此外,高校审美教育还应重视培养学生的社会责任感,使他们能够在艺术创作中表达情感和观点,从而在认知、情感、道德和社交等方面实现全面发展。通过这种全面的审美教育,学生能够在艺术领域内获得知识和技能,并成为具有创造力、批判性思维和社会责任感的个体,为他们的未来社会角色形成和个人成长奠定坚实的基础。

知识的动态构建指知识不是被动接受的,而是通过个体与社会环境的互动,不断被构建和重新构建的过程。它强调知识不是预设的、静态的信息,而是通过个体的主动参与和实践不断发展、不断更新的过程。注重个体差异和个性化学习路径与因材施教理念相符,同时这一过程也体现了知行合一的理念,因为知识的构建不仅仅包括理论上的学习,还包括将知识应用于实践中,通过实践来加深理解和促进创新。这些理念认为,学习是一个动态的、持续的过程,个体通过与环境的互动,不断地吸收、整合和创造知识。在这个过程中,个体的经验、思考、沟通和反思是知识构建的核心。学习者通过实践活动,如实验、讨论、写作和反思,来探索和理解知识。这种探索不仅仅是对现有知识的接受,更是对知识的扩展、挑战和创新。教育学中的这些理念推动了教育模式的转变,从传统的教师中心、知识传递模式,转变为学生中心、探究和体验模式。教育者的角色也相应地从知识传递者转变为学习引导者、协助者和合作者。知识的动态构建还强调了学习环境的重要性，教育者被鼓励设计开放、互动和富有挑战性的学习环境，以激发学生的好奇心和探究欲。在这样的环境中，学生被鼓励主动提问、探索未知、协作解决问题，并在这一过程中构建自己的知识体系。例如，在高校的审美课程中，学生会接触到不同历史时期、不同文化背景的艺术作品，通过对这些作品的分析和讨论，他们开始主动构建和重构自己的审美知识体系。高校审美教育鼓励学生通过对一切审美载体的观察、分析和批评，不断形成和更新自己对美的认识。这样的动态知识构建过程鼓励学生质疑传统的审美观念，形成自己独特的审美视角，强调了学生的主体性，鼓励他们超越传统的审美标准，发展个人的审美判断力。

主动学习着重强调学生在学习过程中的积极参与和探索精神，鼓励学生通过主动与环境互动来构建知识，而非被动接受知识。它与面向人人相呼应，因为它要求教育系统为所有学生提供参与和探索的机会，确保每个学生都能在教育过程中发挥主体作用。同时，主动学习与终身学习理念相契合，因为这种学习方式鼓励学生培养持续学习和自我提升的能力，为终身学习奠定基础。这种学习方式要求学生扮演学习主角，通过提出问题、探索解决方案，并从实验和实践中深化理解。它与认知发展理论紧密相联。认知发展理论提出，知识不是简单地通过教师传递给学生的，而是学生通过与环境的互动，通过同化和顺应的动态过程来主动构建的。在同化过程中，学生将新信息融入现有的认知结构；而在顺应过程中，学生调整自己的认知结构以适应新的信息。这一理念不仅符合学生的认知发展规律，更有助于培养他们的独立思考和问题解决能力。它要求学生主动通过探索、实验和解决问题来构建知识。主动学习理论的核心在于学生的主体性，即学生在学习活动中起主导作用。这种学习方式鼓励学生提出问题、探索可能的解决方案，并从实践中学习。它要求教育者创造一个支持性和挑战性并存的学习环境，让学生能够通过实践、讨论和反思来发展自己的思考和理解能力，进而促进学生的全面发展。主动学习的应用超越了传统的讲授模式，它倡导教育者重视学生的个体经验和认知能力，从而设计出更加个性化和富有挑战性的学习活动。这种学习环境不仅能够激发学生的学习动机，还能够促进学生深层次的认知和情感发展。在高校审美教育中，学生不再是被动的接受者，而成为艺术的积极参与者。他们通过参与艺术创作、艺术批评和艺术研究等活动，主动提出问题、寻找答案、分享见解。这种主动学习的过程不仅提升了学生的审美能力，还培养了他们的批判性思维和创新能力。高校审美教育为学生提供了丰富的学习资源和实践机会，促使他们更加主动地参与到审美活动中来。

第三节　审美教育的艺术学支撑

一、艺术学与审美教育的关联

艺术学作为一门系统研究艺术现象、艺术创作和艺术史的学科，其定义广泛而深远。它不局限于对某一具体艺术形式的研究，而从整体上把握艺术的本质、功能及其在人类社会中的作用。艺术学的研究范畴涵盖了绘画、雕塑、建筑、音乐、舞蹈、戏剧、电影等多种艺术形式，对这些艺术形式的历史演变、创作技法、审美标准等方面进行深入探讨，可以揭示艺术的多样性和丰富性。

在高校审美教育中，艺术学发挥着不可替代的支撑作用。它为学生提供了全面的艺术知识框架，使他们能够深入理解艺术的本质特征及其在人类文化中的地位。艺术学不仅关注艺术的审美价值，还探讨艺术与社会、文化、历史的关系，这种跨学科的研究视角有助于培养学生的综合审美素养和跨文化交际能力。艺术理论课程深入探讨艺术的本质、审美标准和创作方法，为学生提供理论支撑。通过理论学习，学生可以掌握分析和评价艺术作品的基本方法，提升自己的审美鉴赏能力。艺术史课程让学生了解不同历史时期和地区的艺术发展情况，从而使学生建立起对艺术演变的宏观认识。这有助于学生形成历史性的审美视角，理解不同文化背景下的艺术风格和审美观念。艺术创作课程鼓励学生亲自实践，通过创作来体验艺术的魅力。这种实践性的学习方式有助于学生将理论知识转化为实际操作能力，培养创新精神和创造力。

二、艺术史与审美观念的历史演变

艺术史作为高校审美教育体系中的重要组成部分，不仅承载着丰富的历史信息，还是审美观念演变与文化传承的生动记录。它如同一面镜子，映照出人类在不同历史时期对美的追求与理解，为学生搭建起一座跨越时空的审美桥梁，使他们能够站在历史的高度审视艺术，感受不同文化语境下艺术的独特魅力。

古代艺术从原始朴素演进为古典的辉煌，如史前艺术，人类通过简单的线条和图形表达对自然界的敬畏与崇拜，这种朴素而直接的表现形式，反映了原始社会人类的审美初识。进入古埃及与古希腊时期，艺术开始追求形式上的完美与和谐，如古埃及艺术中的几何化构图和象征性表达，以及古希腊雕塑中对人体比例的精确把握，体现了人类对理想美的追求和审美观念的初步成型。这一时期，艺术逐渐成为彰显价值观的重要载体。

中世纪欧洲，艺术风格转向神秘与象征，如拜占庭艺术的金色背景与平面化处理，以及哥特式建筑中高耸入云的尖塔，都旨在营造出一种超脱世俗的氛围。这一时期的艺术家在有限的空间内探索形式与内容的创新，如细密画的精细描绘，展现了艺术的审美创造力。

文艺复兴时期，随着人文主义思想的兴起，艺术开始重视人的价值与情感的表达，追求现实主义的再现与科学透视法的应用。达·芬奇的《蒙娜丽莎》以其神秘的微笑和精准的透视，成为这一时期的典范，展现了艺术与科学理性、人文精神的完美结合。文艺复兴时期的艺术不仅推动了审美观念的革新，也为后世艺术发展奠定了坚实的基础。

19 世纪末至 20 世纪，随着工业革命的推进和社会结构的变化，现代艺术应运而生，它彻底打破了传统艺术的规则与界限，强调个性、情感与创意的自由表达。印象派、立体主义、超现实主义等流派相继出现，如凡·高的《星夜》以其强烈的色彩和情感的释放，展现了艺术家内心世界的无限可能。现代艺术不仅是对传统审美观念的挑战，还是对艺术本质与功能的深刻反思。

通过艺术史的学习，学生不仅能获得知识，还能获得审美能力的培养与审美价值观的塑造。通过分析不同历史时期的艺术风格与审美观念，学生能够理解艺术发展背后的社会动力与文化逻辑，从而形成更加开放、多元的审美视角。更重要的是，艺术史的学习有助于学生构建起跨时代的审美视野，使他们能够在历史的长河中审视艺术，理解不同文化背景下艺术的独特性与共通性，进而形成具有全球视野和跨文化交流能力的审美素养。这种教育过程鼓励学生跨越文化界限，尊重并欣赏不同艺术传统的独特价值，最终形成具有包容性和创新性的审美观念，为个人的全面发展与社会的文化交流贡献力量。

三、艺术美学与审美感知的培养

艺术美学作为艺术学理论的一个重要分支，其核心在于探究艺术的审美特性、审美价值以及审美规律，为审美教育提供了深厚的理论支撑和丰富的思想资源。艺术美学不仅关注艺术作品的外在形式美，还深入挖掘作品内在的情感表达、思想内涵及文化价值，从而揭示出艺术审美的深层次意义。

通过学习艺术美学，学生能够更加深入地理解艺术的审美本质。艺术美学不仅帮助学生认识到艺术作品的形式美，如画作的色彩、线条、构图等，更重要的是，它引导学生感知和理解艺术作品所蕴含的情感、思想和文化内涵。这种深入的理解使学生能够更加全面地把握艺术作品的审美价值，从而提升学生的审美感知力。艺术美学的学习有助于提升学生的艺术鉴赏力。鉴赏力是审美能力的重要组成部分，要求学生准确识别艺术作品的美学特征，并对艺术作品进行恰当评价。艺术美学通过提供一套系统的审美标准和评价方法，使学生能够更加准确地判断艺术作品的美学价值，从而培养他们的艺术鉴赏力。艺术美学还能够激发学生的审美创造力。创造力是审美教育的核心目标之一，要求学生在理解艺术作品的基础上，进行独立的艺术创造。艺术美学通过揭示艺术的审美规律和创作原则，为学生提供了创作的灵感和指导。学生在学习艺术美学的过程中，不仅能够吸收前人的艺术成果，还能够在此基础上进行创新，从而形成独特的审美创造力。

艺术美学与审美教育之间存在着密切的联系。艺术美学为审美教育提供了理论支撑和思想资源，而审美教育则是艺术美学理论的具体实践和应用。提升艺术美学在审美教育中的地位，可以更加有效地培养学生的审美感知力、鉴赏力和创造力，从而全面提升他们的审美能力。这种能力的提升，不仅有助于学生更好地欣赏和理解艺术作品，还有助于激发他们的艺术创造潜能，为他们的全面发展奠定坚实的基础。

四、艺术批评与审美评价的学理基础

艺术批评作为艺术学领域的一个重要组成部分，不仅是对艺术作品进行深入分析和评价，更是审美教育不可或缺的学理基础。它涉及对艺术作品的风格、形式、内容、意义等多方面的探讨，以及对艺术家创作意图和时代背景的理解。艺术批评理论与方法论的学习，对于提升学生的审美鉴赏力和批判性思维具有至关重要的作用。

艺术批评理论为学生提供了系统的分析框架和评价体系。在艺术批评中，学生需要运用各种批评理论，如形式主义、结构主义、后现代主义等，来解读艺术作品。这些理论不仅帮助学生理解艺术作品的表层形式，更引导他们深入挖掘作品背后的深层含义和文化价值。通过学习这些理论，学生能够更加全面地把握艺术作品的审美特性，从而提升他们的审美鉴赏力。

艺术批评方法论的培养有助于学生形成独立的审美判断。艺术批评不仅要求学生对艺术作品进行客观分析，还鼓励他们在此基础上形成自己的独特见解。通过学习和实践各种批评方法，如文本分析、图像学、符号学等，学生能够更加熟练地运用批评工具，对艺术作品进行深入剖析和评价。这种独立的审美判断能力的培养，对于学生的个性化审美发展具有重要意义。

艺术批评还强调构建多元化的审美评价标准。传统的审美观念中往往存在着一种单一的、标准化的审美标准。艺术批评认为，审美是多元化的，不同的文化、历史和社会背景会形成不同的审美观念。因此，在艺术批评中，学生需要学会尊重和理解不同的审美标准，从而构建出更加开放和包容的审美评价体系。这种多元化的审美评价标准的构建，有助于促进学生的个性化审美发展，使他们在欣赏和评价艺术作品时能够更加全面和客观。

通过学习艺术批评理论与方法论，学生能够更加深入地理解艺术作品的审美特性和文化价值，提升审美鉴赏力和批判性思维。同时，构建多元化的审美评价标准也有助于促进学生的个性化审美发展，使学生在审美教育中获得更加全面和深入的成长。

五、艺术创作与审美实践的互动关系

艺术创作作为审美教育的核心环节，不仅承载着传授艺术知识与技能的使命，更是激发学生内在潜能、促进学生全面发展的重要途径。在这一动态过程中，艺术创作与审美实践之间存在着深刻而复杂的互动关系，它们相互依存、相互促进，共同形成了审美教育的丰富内涵与深远意义。

艺术创作是审美实践的直观体现与深化手段。审美教育旨在培养学生的审美意识、审美能力和审美情趣，而艺术创作正是这一目标的具体实践场域。学生在艺术创作中，通过直接参与艺术作品的构思、创作与呈现，不仅能够亲身体验到艺术创作的乐趣与挑战，还能在实践中不断深化对美的理解、感知与表达。这一过程，既是艺术技能的锤炼，也是审美情感的熏陶，更是审美判断力的提升，从而实现了从理论到实践、从知识到能力的转化与飞跃。

艺术创作促进了学生审美感知力与表现力的协同发展。艺术创作要求学生运用想象力与创造力，将抽象的情感与思想转化为具体的艺术形式，这一转化过程本身就是对审美感知力的极大锻炼。同时，通过不断的艺术实践，学生能够学会如何更有效地运用艺术语言来表达自己的情感与观念，从而增强艺术表现力。这种感知与表现的双重提升，为学生构建了一个更为宽广且深邃的审美视野，使他们能够在更广泛的审美情境中识别美、欣赏美、创造美。

艺术创作与审美教育的结合，为培养学生的创新思维与问题解决能力提供了独特平台。艺术创作本质上是一种创造性劳动，要求学生不断探索新的表现手法、材料运用和艺术观念，这一过程鼓励学生跳出传统框架，勇于尝试与创新。在这种不断尝试与失败、反思与调整中，学生的创新思维得到极大激发，问题解决能力也随之增强，为他们未来面对复杂多变的社会环境奠定了坚实的思维基础。

艺术创作活动还促进了学生的团队协作与沟通交流能力的发展。在艺术创作过程中，无论是小组合作完成大型艺术作品，还是个人在创作中寻求教师与同伴的反馈，都需要学生具备良好的团队协作精神和有效的沟通交流能力。这些软技能，不仅对于艺术创作本身至关重要，更是学生未来生活与职业发展中不可或缺的素质。

艺术创作不仅是审美教育的重要组成部分，更是其深化与发展的内在动力。通过提升艺术创作在审美教育中的地位，人们可以更有效地培养学生的审美素养、创新思维与综合能力，为他们的全面发展与终身学习奠定坚实的基础。

第四节　审美教育的社会学视角

一、社会学理论与审美教育的理论构建

（一）社会建构主义

社会建构主义认为，知识不是客观存在的、等待被发现的实体，而是个体在社会文化环境中通过与他人互动和协商而主动建构的。这一理论强调学习者的主体地位和认知过程的主动性，认为学习过程是一个社会性的、情境性的和意义建构的过程。

根据社会构建主义理论，审美教育中的学生不是被动接受审美知识和标准的灌输，而是通过观察、体验、反思和交流，在与他人和环境的互动中主动建构自己的审美观念和评价标准。社会建构主义鼓励从多元文化和历史视角审视艺术作品，认为不同的社会和文化背景会影响个体对美的理解和表达。因此，审美教育应提供多样化的学习资源，促进学生之间的交流和对话，以培养他们的批判性思维和跨文化交流能力。该理论强调学习情境的重要性，认为学习是在特定的社会文化情境中发生的。在审美教育中，教师应创造丰富多样的学习情境，如参观美术馆、参加艺术工作坊等，让学生在真实或模拟的情境中体验和学习。

（二）文化再生产理论

文化再生产理论，亦称间接再生产理论，强谓教育以文化为中介实现社会再生产的功能。这一理论主要关注教育如何传递和再生产特定的社会结构、文化价值观和经济不平等。

该理论强调，审美教育不仅涉及艺术技能和知识的传授，还涉及特定文化价值观的传递。文化再生产理论提醒人们，在审美教育过程中应

警惕单一文化价值观的灌输，努力呈现多元文化的审美观念。高校可能通过调整课程设置、教学方法和评价方式等手段再生产社会不平等。因此，审美教育应关注教育公平问题，努力为不同社会背景的学生提供平等的审美学习机会。文化再生产理论鼓励学生对现有的审美规范和文化价值观进行批判性思考，教师应引导学生分析并质疑这些规范和价值观，以促进文化的创新性发展。

（三）社会互动理论

社会互动理论关注人与人、人与群体之间的互动过程及过程对社会结构和个体行为的影响。这一理论认为，个体在社会互动中不断学习、适应和改变自己的行为方式。

该理论认为，审美教育是一个高度互动的过程。学生之间、师生之间的互动对于审美观念和鉴赏力的培养至关重要。通过小组讨论、艺术项目合作等活动，学生可以在互动中分享经验、交流观点，从而深化对艺术作品的理解和欣赏。社会互动理论强调互动中的情感共鸣和意见分享。教师应引导学生关注艺术作品所传达的情感和思想内涵，通过情感共鸣来增加审美体验的深度和广度。互动过程也是学生构建社会认同的重要途径。通过参与集体艺术活动、展示个人创作成果等方式，学生可以感受到自己与他人的联系和归属感，从而提升对艺术和审美活动的兴趣和参与度。

二、社会结构与审美教育的关联分析

社会结构是指社会中不同群体、阶层、性别角色等之间的相互关系及其在社会中的地位和作用。它涵盖了社会的多个维度，包括经济、政治、文化等方面，是人们理解社会运行和个体行为的重要框架。在审美教育的语境中，社会结构主要关注社会阶层、性别角色等如何影响审美教育的实施与接受。社会结构对审美教育的实施与接受具有重要影响，而审美教育也在一定程度上反映了社会结构的特点。通过提供多元化的审美教育资源和内容，以及培养学生的批判性思维和创新能力，审美教育有可能成为改变社会结构不平等现象、促进更广泛社会参与的重要力量。因此，在审美教育的实践中，人们应充分考虑社会结构的影响，并努力发挥审美教育的变革潜力。

（一）社会阶层

不同社会阶层的学生在审美教育资源的获取上存在显著差异。上层的学生可能更容易接触到高质量的艺术教育和文化资源，而底层的学生则可能面临资源匮乏的问题。社会阶层还可能影响学生的审美偏好和评价标准。上层的学生可能更倾向于欣赏高雅艺术，而底层的学生则可能更偏爱大众文化或民间艺术。

（二）性别角色

性别角色刻板印象可能影响审美教育的实施。传统上，某些艺术形式或领域可能被视为男性或女性的专属，导致学生在选择审美教育内容时受到限制。性别角色还可能影响学生的审美体验和表达方式。例如，女性可能更倾向于细腻、感性的审美表达，而男性则可能更注重力量、技术的展现。

审美教育的内容和形式往往反映了社会的审美观念和价值取向。在某些情况下，这些观念和取向可能强化了社会结构中的不平等现象，如通过艺术作品的题材、风格或表现手法来传递特定的社会阶层或性别角色信息。审美教育具有潜在的变革力量，可以提升社会结构的平等化和包容性。多元化的审美教育资源和内容的提供，可以打破社会阶层和性别角色的刻板印象，拓宽学生的审美视野和选择范围。审美教育还可以培养学生的批判性思维和创新能力，使他们能够挑战现有的社会结构和审美规范。这种挑战有助于推动社会的进步和变革，促进更广泛的社会参与和包容。

三、社会文化资本的积累与审美教育

社会文化资本，作为社会资本理论的重要组成部分，指的是个体通过教育、家庭背景以及社会交往等途径所获得的文化知识、审美品位、行为规范等非物质性资源。这些资源不仅关乎个体的文化素养，还在深层次上影响着个体的社会地位和文化认同。审美教育，作为培养个体审美能力和审美素养的重要途径，是社会文化资本积累的一种重要形式。

审美教育促进个体社会地位提升，通过引导个体欣赏和理解不同艺术形式和风格，培养个体独特的审美品位。这种品位不仅是个体文化素养的体现，也是其在社会交往中展示自我、赢得尊重的重要资本。审美教育往往还伴随着艺术鉴赏、创作和展示等活动，这些活动为个体提供了与他人交流和合作的机会。通过参与这些活动，个体能够锻炼自己的社交能力，扩大社交圈子，从而提升在社会中的地位。审美教育有助于个体形成对特定文化的认同感和归属感。通过学习和欣赏某一文化的艺术作品，个体能够更深入地理解该文化的价值观和审美观念，进而在心理上产生认同感和归属感。

不同社会经济地位的个体在获取审美教育资源上存在显著差异。经济条件较好的家庭往往能够为孩子提供更多的艺术培训和学习机会，从而帮助他们积累更多的社会文化资本。个体的文化背景也会影响其审美教育的接受程度和方式。来自不同文化背景的个体可能对同一艺术作品产生不同的理解和感受，这种差异进而影响了他们社会文化资本的积累。社会教育资源的分配不均也是导致个体社会文化资本积累差异的重要因素。在一些地区或学校，审美教育可能被视为非核心课程而受到忽视，导致个体无法充分获得相关的文化知识和审美技能。社会风气和价值观对审美教育的接受程度也有重要影响。在一些注重功利和实用的社会环境中，审美教育可能受到冷落，而在一些崇尚文化和艺术的社会中，审美教育则可能得到更多的重视和支持。

审美教育作为社会文化资本的一种形式，对于促进个体在社会中的

地位提升和文化认同的形成具有重要意义。然而，不同社会背景下个体在审美教育中的社会文化资本积累存在差异，这些差异受到社会经济地位、文化背景、教育资源分配以及社会风气和价值观等多种因素的影响。因此，在推动审美教育发展的过程中，人们需要充分考虑这些因素，努力为个体提供公平、优质的教育资源，以促进个体社会文化资本的积累和社会地位的提升。

四、社会变迁的互动机制与审美教育

社会变迁作为社会发展进程中的常态现象，涵盖了技术革新、经济全球化、文化多元化等多个维度。这些变迁不仅深刻改变了社会的经济结构、政治格局和文化生态，也对审美教育的内容、形式及目标产生了深远影响。

（一）技术迭代革新

随着信息技术的飞速发展，数字化、网络化、智能化等新技术不断涌现，为审美教育提供了更加丰富多样的教学手段和资源。例如，虚拟现实、增强现实等技术的应用，使得学生能够身临其境地感受艺术作品的魅力和内涵，这提升了审美教育的效果和趣味性。

（二）经济全球化进程

经济全球化进程的加速推动了不同文化之间的交流和融合。在审美教育领域，这表现为对多元文化艺术的引进和介绍，以及对本土文化艺术的国际传播和推广。这种跨文化的审美教育有助于培养学生的全球视野和跨文化交流能力，促进文化的多样性和包容性。

（三）文化多元化趋势

随着社会的开放和进步，文化多元化成为不可逆转的趋势。审美教育在应对文化多元化挑战时，需要更加注重对本土文化的传承和创新，同时要积极吸纳和借鉴其他文化的优秀成果。这种多元文化的审美教育有助于培养学生的文化自信和创新能力，推动文化的繁荣和发展。

审美教育不仅受到社会变迁的影响，也成为推动社会变迁的重要力量。它通过培养个体的审美能力和审美素养，促进文化创新和社会进步。审美教育通过引导学生欣赏和理解不同艺术形式和风格，激发他们的创造力和想象力。这种创造力和想象力是文化创新的重要源泉，有助于推动艺术领域的不断发展和进步。同时，审美教育还可以培养学生的批判性思维和审美能力，使他们能够对现有的文化现象进行深入分析和评价，从而提出新的文化观点和理念。审美教育提升个体的文化素养和审美能力，有助于形成积极向上的社会风气和价值观。这种风气和价值观对于推动社会的进步和发展具有重要意义。例如，审美教育可以培养学生的环保意识和社会责任感，使他们更加关注社会问题和公共利益，从而积极参与社会建设和改革。审美教育还具有增强社会凝聚力的作用。通过共同的艺术欣赏和创作活动，人们可以感受到彼此之间的情感联系和共同的价值追求。这种凝聚力和向心力对于维护社会稳定和促进社会和谐具有重要意义。

审美教育与社会变迁之间存在着密切的互动关系。社会变迁为审美教育提供了新的机遇和挑战，而审美教育则成为推动社会变迁的重要力量。在未来的发展中，人们需要更加注重审美教育与社会变迁的良性互动，充分发挥审美教育在促进文化创新、推动社会进步和增强社会凝聚力等方面的积极作用。同时，人们还需要不断探索和创新审美教育的理念和方法，以适应社会变迁的新要求和新挑战。

第五节　审美教育的整合理论模型

当今人们正面临着知识爆炸、文化多元和技术革新的时代挑战与机遇，这要求高校审美教育超越传统学科的界限，实现哲学、教育学、艺术学、社会学等多学科理论与方法的整合。而审美教育的交叉属性也决定了其理论模型必须具备开放性和包容性，它不应仅仅被视为艺术教育的延展，还应被看作涉及学生全面发展的教育领域，涵盖情感、认知、道德等多个方面。这种开放性的跨学科的融合需要构建一个全面系统的理论框架，为审美教育实践提供坚实的理论支撑，在丰富审美教育的内涵的同时提升其在实践中的有效性，推动理论创新与实践探索的深度融合。

构建审美教育的整合理论模型的目的是通过跨学科的融合与创新，形成既反映时代特点又满足教育需求的理论框架，为高校审美教育提供明确的指导思想、科学的理论基础和有效的实践路径，从而推动高校审美教育的高质量发展。

一、模型的设计原则

（一）多元融合原则

在构建高校审美教育的整合理论模型时，人们必须充分融合哲学、教育学、艺术学、社会学等多个学科的理论基础，形成一个跨学科的综合视角。人们不能局限于某一学科的理论框架，而要在多个学科之间寻找共同点和互补性。例如，哲学可以提供关于美的本质和审美判断的深刻见解，教育学则可以提供关于如何有效传授审美知识和技能的实践经验，艺术学提供关于艺术作品和审美现象的丰富案例和分析工具，而社会学揭示审美教育与社会文化之间的复杂关系。

通过多元融合，人们可以构建一个更为全面和深入的审美教育的整合理论模型。但是在多元融合的过程中，人们仍需要注意不同学科之间的理论差异和冲突。这些差异和冲突可能源于学科的研究对象、研究方法、理论假设等方面的不同。因此，人们需要通过对话、协商和整合的方式，寻找不同学科之间的共同点和互补性，以形成一个有机统一的理论模型。人们还需要保持对新兴学科和交叉学科的关注度和开放态度，以便及时将新的理论和观点融入模型中。多元融合原则具体如图3-1所示。

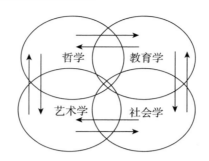

图 3-1　多元融合原则示意图

（二）动态发展原则

审美教育是一个随时代变迁而不断发展的领域。新的艺术形式、审美观念和教育技术不断涌现，为审美教育带来了新的挑战和机遇。因此，在构建高校审美教育的整合理论模型时，必须具备开放性和灵活性，能够容纳新理论、新观念和新实践的不断融入。

动态发展原则要求人们在构建模型时，不仅要关注当前的审美教育实践和问题，还要预见未来的发展趋势和可能的变化。这意味着人们需要保持对审美教育领域的持续关注和研究，以便及时捕捉新的信息和数据，更新和完善模型。人们还需要建立一个反馈机制，以便从实践中获取反馈和建议，不断改进和优化模型。在动态发展的过程中，人们需要注意保持模型的稳定性和连续性。虽然模型需要不断更新和完善，但也不能忽视其已有的基础和成果。因此，人们需要在保持模型稳定性和连续性的基础上，逐步实现其动态发展。动态发展原则具体如图 3-2 所示。

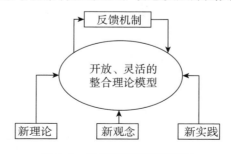

图 3-2　动态发展原则示意图

（三）实践导向原则

高校审美教育的最终目标是培养学生的审美能力和创造力，提高他们的文化素养，激发他们的人文精神。因此，在构建高校审美教育的整合理论模型时，必须紧密结合高校审美教育的实际需求，为教育者提供具体的理论指导和实践路径。

实践导向原则要求人们在构建模型时，不仅要关注理论的完整性和系统性，还要关注其实用性和可操作性。这意味着人们需要将理论与实践相结合，通过案例分析、教学设计、实践活动等方式，将理论转化为具体的操作步骤和方法。同时，人们还需要关注教育者在实际教学中遇到的问题和困难，为他们提供切实可行的解决方案和建议。在实践导向的过程中，教育者需要注意培养学生的主体性和创造性。审美教育不仅仅是知识的传授和技能的训练，更重要的是激发学生的审美情趣和创造力。因此，人们需要在模型中融入更多关于学生主体性和创造性的理论和实践，以便更好地指导教育者在实际教学中培养学生的审美能力和创造力。

（四）系统性原则

高校审美教育的整合理论模型是一个复杂而庞大的系统，它包含多个理论构件和子系统。因此必须构建一个完整、连贯的理论框架，明确各理论构件之间的内在联系和相互作用，形成一个有机统一的整体。

系统性原则要求在构建模型时，不仅要关注各个理论构件的独立性和完整性，还要关注它们之间的关联性和互动性。这意味着人们需要通过逻辑分析和综合归纳的方式，将各个理论构件有机组合在一起，形成一个具有内在逻辑性和结构性的整体。人们还需要关注模型的整体性和稳定性，确保其在面对外部变化和干扰时能够保持稳定性和连续性。在系统性原则的指导下，人们还需要注意模型的层次性和模块化。高校审美教育的整合理论模型可以划分为多个层次和模块，每个层次和模块都有特定的功能和作用。层次性和模块化的设计，可以使人们更好地理解和把握模型的整体结构和功能，也可以使人们更方便地进行模型的更新和完善。同时，层次性和模块化的设计还可以提高模型的灵活性和可扩展性，以便更好地适应不同高校和不同学生的实际需求。

二、模型的核心理论构件

基于上述设计原则，高校审美教育的整合理论模型可包含以下核心理论构件。

（一）哲学基础构件

哲学基础构件主要涵盖中国哲学（如先秦儒学、道家思想等）和西方哲学（如古希腊哲学、德国古典美学等）中的审美理念，为模型提供深厚的哲学底蕴和理论支撑，如图 3-3 所示。

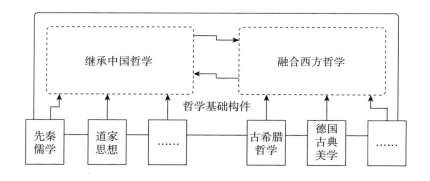

图 3-3　哲学基础构件示意图

（二）教育学基础构件

教育学基础构件整合不同教育流派（如进步主义、要素主义等）思想和教育心理学（如行为主义、认知主义等）的理论观点，以及教育现代化的基本理念，为审美教育提供科学的教育方法和教学策略，如图 3-4 所示。

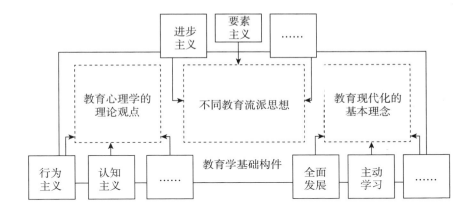

图 3-4 教育学基础构件示意图

（三）艺术学支撑构件

艺术学支撑构件聚焦于艺术学与审美教育的关联，包括艺术史论、艺术美学、艺术批评和艺术创作等方面的理论，为审美教育提供丰富的艺术资源和审美实践指导，如图 3-5 所示。

图 3-5 艺术学支撑构件示意图

（四）社会学视角构件

社会学视角构件从社会学理论出发，探讨社会结构与审美教育的关联，分析社会文化资本的积累和社会变迁对审美教育的影响，为模型注入社会学的视角和洞见。

这些核心理论构件相互交织、相互支撑，共同构成了高校审美教育的整合理论模型。通过这一模型，人们可以更全面地理解审美教育的本质和内涵，为高校审美教育的实践提供有力的理论支持和实践指导。同时，该模型也具备动态调整和发展的空间，能够随着审美教育实践的不断深入和理论研究的不断进步而不断完善和丰富。

三、模型的结构

（一）层次划分

基础层是整合模型的理论基石，主要涵盖哲学基础、教育学理论等。哲学为模型提供了价值观和方法论的指导，帮助确立审美教育的目的、意义以及应遵循的基本原则。教育学则提供了关于教育过程、学习理论、教学方法等方面的理论知识，为模型的设计与实施提供科学依据。中间层融合了艺术学支撑、社会学视角等具体应用理论，以实现理论与实践的桥接。艺术学提供了艺术作品的鉴赏、创作原理及艺术史的知识，为审美教育提供丰富的内容资源。社会学则帮助理解社会文化背景对审美观念的影响，以及如何通过审美教育促进社会文化的传承与创新。这一层次的设计旨在使模型更加贴近社会现实，增强学生的社会适应能力，提升他们的文化认同感。实践层是模型的最外层，直接指导高校审美教育活动的实施。它包括但不限于课程设计、教学活动安排、实践项目组织等。这一层次强调理论与实践的紧密结合，通过具体的教学活动如艺术欣赏、创作工坊、文化考察等，让学生在实践中深化审美认知，激发审美情感，培养审美创新能力。整合模型层次划分具体如图3-6所示。

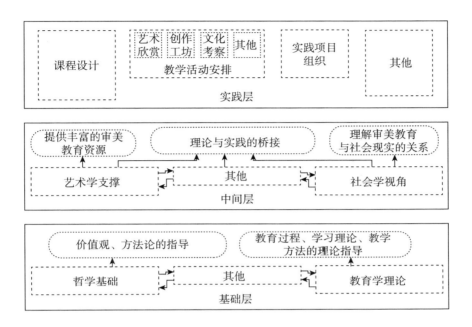

图 3-6 整合模型层次划分示意图

（二）模块设计

审美认知培养模块旨在提升学生的艺术鉴赏能力和审美理论知识水平，通过讲解艺术史、美学原理、艺术评论等内容，帮助学生建立系统的审美认知框架；审美情感激发模块通过情感体验式学习，如戏剧表演欣赏、自然美景游览等，激发学生的审美情感，培养他们对美的感知力和共鸣能力；审美实践创新模块鼓励学生参与艺术创作、设计项目或社区艺术活动，通过实践锻炼学生的创新思维和动手能力，将审美认知和情感转化为实际的审美创造。整合模型模块设计具体如图 3-7 所示。

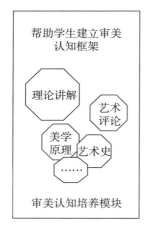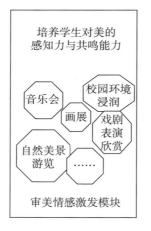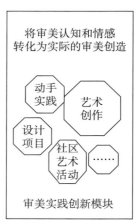

图 3-7　整合模型模块设计示意图

（三）内在交互

各层次、各模块之间通过内在联系和交互机制形成一个动态平衡的系统。基础层为中间层和实践层提供理论指导，中间层将理论转化为具体的应用策略，实践层则反馈实践效果至中间层和基础层，促进理论的修正和完善。模块之间通过跨学科的教学活动、项目合作等方式相互渗透，共同促进学生的全面发展。审美教育的整合理论模型具体如图 3-8 所示。

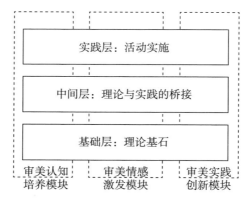

图 3-8　审美教育的整合理论模型示意图

四、模型的运行

审美教育的整合理论模型的运行是一个多维度、动态调整的过程，它不仅依赖于明确的动力机制推动前进，还需要完善的反馈机制以确保效果，并辅以坚实的保障机制以维系稳定运行。

（一）动力机制

1. 政策的引领与规范

国家及地方的教育政策是审美教育的整合理论模型运行的首要动力源。这些政策通过规定审美教育的课程标准、评估体系以及资源配置方案，为模型提供了明确的方向指引和政策支持。例如，地方教育部门规定学校必须开设一定数量的艺术课程，设定学生应达到的审美能力标准，以及建立相应的考核机制。这些政策的出台，不仅可以强化审美教育在教育体系中的地位，也为学校和教师提供了实施审美教育的法律依据和操作指南，促进模型的系统化和规范化运行。

此外，政策的灵活性也是推动模型创新输出的关键。随着教育理念的不断进步和教育技术的快速发展，教育政策需要适时调整，以适应新的教育需求和技术变革。例如，鼓励采用数字化教学手段，将虚拟现实、人工智能等新技术融入审美教育，以更加丰富多元的方式激发学生的创造力，提升学生的审美能力。

2. 外部驱动的力量

社会对人才综合素质的要求日益提高，审美素养作为创新型人才的重要能力，其重要性不言而喻。在快速变化的社会经济环境中，具备良好的审美素养不仅能够帮助个体更好地理解和欣赏美，还能够激发个体的创新思维，促进跨领域合作，提升整体竞争力。因此，社会对具有良好审美素养人才的需求，成为推动审美教育的整合理论模型不断优化和发展的外部动力。

相关企业等对审美教育的支持也是不可忽视的。校企合作、项目合作等方式，将审美教育与社会实践紧密结合，不仅可以为学生提供更多展示才华的平台，也能够让学校及时了解社会需求，调整教学内容和方法，使模型更加贴近实际，增强教育的针对性和实效性。

3. 内在动力的源泉

学生的兴趣和需求是审美教育的整合理论模型运行的内在动力。兴趣是最好的老师，只有学生真正对审美教育产生兴趣，才能激发学习主动性，促进深度学习。因此，模型的设计和实施必须充分考虑学生的年龄特点、兴趣爱好和学习习惯，通过设计贴近学生生活的教学内容和方法，如互动式学习、项目式学习等，让学生在轻松愉快的氛围中学习审美知识，提升审美能力。

同时，尊重学生的个体差异，提供多样化的学习路径和选择，也是激发学生内在动力的关键。每个学生都有独特的审美偏好和学习节奏，模型应提供足够的灵活性和包容性，允许学生根据自己的兴趣和能力进行个性化学习，从而使学生最大限度地发挥潜能。

（二）反馈机制

1. 教学效果评估

定期对审美教育活动进行效果评估，是确保模型运行质量的重要手段。评估内容应包括学生审美能力的测试、作品展示评价以及教学过程的观察分析等，用客观数据反映模型运行的成效。设立明确的评估指标和标准，可以量化教学效果，为模型的持续优化提供数据支持。

评估结果应及时反馈给教育者和学生，以便他们了解学习进度和存在的问题，及时调整学习策略。同时，评估结果也是学校和教育部门评价教学质量、制定教育政策的重要依据。

2.学生反馈收集

学生是审美教育的直接受益者，他们的反馈对于改进教学、优化模型具有不可替代的作用。通过问卷调查、小组讨论、个别访谈等多种形式，收集学生对教学内容、方法、资源等方面的意见和建议，可以及时了解学生的需求和期望，为教学改进提供第一手资料。

在收集学生反馈时，应注重保护学生的隐私和尊严，确保反馈过程的公正性和匿名性。同时，教育者应以开放的心态接受学生的批评和建议，并将其视为改进教学的宝贵资源。

3.教育者自我反思

教育者的自我反思是提升教学质量、增强模型适应性的重要途径。通过教学日志记录、同行评审、教学研讨会等方式，教育者可以对自己的教学过程进行深入反思和分析，总结成功经验，找出存在的问题和不足，从而不断改进教学方法和策略。

自我反思不仅有助于教育者提升个人教学能力，还有助于促进教育者之间的交流和合作，形成共同学习和进步的良好氛围。同时，教育者还应保持对新兴教育理念和技术的敏锐洞察，不断学习和更新知识，以适应审美教育发展的需要。

在对现有审美教育理论进行批判性分析时，教育者应秉持客观、公正的态度，既要肯定现有理论的合理性和有效性，也要指出局限性和不足之处。深入探讨理论的局限性和发展潜力，可以为模型的优化和创新提供理论支撑和思路启发。

4.评估标准与优化策略

理论一致性确保模型与现有的审美教育理论相协调，这反映了理论的连贯性，要求教育者在设计和运行模型时，充分考虑理论的科学性和合理性，避免盲目跟风或片面追求新颖；实践适用性考虑评估模型在实际教育场景中的可行性，考虑资源、环境和学生需求，要求模型应具有较强的可操作性和灵活性，能够适应不同学校和学生的实际情况；创新包容性旨在分析模型是否能够适应新兴的审美教育理念和技术，如数字媒体和虚拟现实技术，要求教育者应保持开放的心态，积极接纳和尝试新技术和新方法，以不断丰富和拓展审美教育的内涵和外延。另外，优化策略应注重对数据反馈的收集和分析，及时调整教学策略和方法；加强跨学科交流，借鉴其他学科的成功经验和方法；整合最新的信息技术和教学工具，提高教学互动性和学习体验。

（三）保障机制

1. 资源支持

资源支持是审美教育的整合理论模型运行的重要保障。这包括足够的经费、先进的教学设施、丰富的艺术资源等。经费是开展审美教育活动的经济基础，高校应确保有稳定的资金来源，用于教学设备的购置、艺术活动的举办、师资培训等。教学设施是审美教育活动的物质载体，高校应配备先进的多媒体教学设备、艺术工作室、展览馆等，为学生提供良好的学习环境。艺术资源是审美教育的重要内容，高校应加强与艺术机构、文化团体的合作，引进优质的艺术作品和艺术家资源，丰富教学内容和形式。

2. 制度保障

建立健全的审美教育管理制度，是确保模型稳定运行的关键。这包括课程设置、师资配备、教学评价等方面的规定和制度。课程设置应科学合理，确保审美教育在课程体系中的地位；师资配备应充足且专业，要加强对教师的培训和管理，提高其教学水平和审美能力；教学评价应公正客观，要建立多元化的评价机制，既注重学生的审美能力测试，又重视学生的作品展示和创作过程评价。

建立健全的审美教育管理机制，明确各级教育部门和学校的职责和任务，加强监督和检查，确保各项制度和规定的落实，这样的制度建设和管理机制的完善，可以为审美教育的整合理论模型的运行提供坚实的制度保障。

3. 文化氛围

营造浓厚的校园艺术文化氛围，是激发学生对艺术的兴趣和热爱的有效途径。举办艺术节、展览、讲座等活动，可以为学生提供展示才华的平台，增强其自信心和成就感，可以让学生接触到更多的艺术形式和作品，拓宽学生的艺术视野，使学生增长审美经验。此外，高校还可以通过校园广播、校报、校园网等平台，宣传审美教育的重要性和意义，提高学生的认知水平和重视程度。

在营造文化氛围时，高校应注重学生的参与性和主体性，鼓励学生积极参与活动的策划、组织和实施，让学生成为校园艺术文化的主人翁。同时，高校应加强与社区、家庭等外部环境的联系和合作，共同营造良好的审美教育氛围，为学生的全面发展提供有力的支持。

审美教育的整合理论模型的运行是一个复杂而系统的过程，需要动力机制、反馈机制和保障机制的共同作用。明确的动力源可以推动模型前进，完善的反馈机制可以确保模型的效果和质量，坚实的保障机制可以为模型的运行提供物质基础和制度框架。这样才能确保审美教育的整合理论模型在实践中有效运行、持续优化，并最终实现教育目标。

第四章　高校审美教育与其他教育阶段的审美教育的比较

　　审美教育在人的全面发展中具有重要地位，贯穿个体成长的各个阶段，从基础教育到高等教育，再到成人教育，每一个阶段都承担着独特的教育使命。高校审美教育作为这一教育链条上的重要一环，不仅深化和拓展了中小学阶段的审美教育，更为成人阶段更高级别的审美追求和艺术创作奠定了坚实基础。

　　中小学阶段的审美教育侧重引导学生发现和感受生活中的美，通过基础的艺术课程和实践活动，初步培养学生的审美感知和艺术鉴赏能力。这一阶段的审美教育更像是一把钥匙，开启了学生对美的认知和追求的大门。与中小学审美教育相比，高校审美教育在学术研究、专业深度和广度上具有独特性。高校作为高等教育机构，更注重培养学生的研究能力和创新思维。在高校中，审美教育迈上了一个新的台阶，不仅提供更为丰富和专业的艺术课程，鼓励学生通过独立的艺术创作和学术研究深化对美的理解和表达，更注重对美学理论的深入探究和对艺术实践的多元化尝试。教师可以引导学生深入探索艺术作品的主题、形式和技巧，鼓励学生自主选择艺术作品进行研究和分析，以激发他们的独立思考和创新精神，还可以通过介绍不同文化和艺术流派来培养他们的跨文化交流能力。高校审美教育还扮演着连接学生与社会的桥梁角色。它不仅要进一步巩固和提升学生的审美能力，还要为他们未来进入社会、成为具有高级审美追求和艺术创造力的人做好准备。因此，高校审美教育在内容和方法上都更加注重与社会接轨，引导学生关注当代艺术发展的新动态，培养他们的创新思维和批判精神。

第一节　高校审美教育与中小学审美教育的比较

高校审美教育和中小学审美教育在教育目标、内容、方法和评价等方面呈现出明显的差异。中小学着重于审美基础的奠定与感知能力的启蒙，而高校则更加注重深化理论探索、拓宽艺术实践领域，培养学生独立创作与批判性思维能力，同时更为关注审美教育的深度与广度，以及审美意识与道德意识的融合、审美心理的发展。这两个阶段的审美教育互为补充，共同推动着个体审美素养的全面发展。

在中小学阶段，学生处于情感充溢、敏感多变的时期。这个阶段的审美教育更侧重于培养学生对美的初步感知和欣赏能力。通过丰富多彩的艺术活动和实践，教师激发学生的创造力和想象力，让他们在亲身参与中感受美的魅力。同时，中小学阶段的审美教育也强调情感教育的重要性，旨在促进学生心灵的和谐发展。

而进入高等教育阶段，随着个体社会性和情感性的迅速发展，审美教育也更加注重深度与广度。这个阶段的审美教育，不仅关注学生审美趣味和审美理想的建立，还致力通过艺术作品的欣赏和创作，促进他们审美能力的全面发展。高等教育阶段的审美教育还特别强调审美意识与道德意识的融合，旨在培养高尚的道德情操和审美理想。关注审美心理的发展也是这个阶段审美教育的重要任务，如丰富学生的审美情感、深化他们的审美体验以及提高他们的审美判断的准确性等。

一、高校审美教育与中小学审美教育在教育目标上的差异

中小学审美教育与高校审美教育在教育目标的设定上，展现出了明显的阶段性与层次性，这反映了审美教育在不同学习阶段的不同侧重点和逐步深化的培养方向。

在中小学阶段，审美教育更加注重基础审美能力的塑造与启蒙。通过引导学生接触和了解多样化的艺术形式，审美教育旨在初步培养学生的审美感知和艺术鉴赏能力。在这一过程中，教师会特别注重引导学生发现和感受生活中的美，利用系统的艺术课程和丰富的实践活动，激发学生对美的热爱，并逐步培育他们的审美情感和鉴赏力。教育目标主要围绕艺术作品的基本认知和初步欣赏，同时融入一些简单的艺术创作体验，让学生在实践中感受艺术的魅力。可以说，中小学审美教育更像是一种审美启蒙，为学生奠定了坚实的审美基础，使他们能够初步理解和欣赏艺术，进而在生活中更好地发现和体验美。

进入高等教育阶段，审美教育的重点则转向了审美能力的进阶提升和艺术创作的深入探索。此时，学生已经具备了一定的审美基础，因此审美教育重心转向了对艺术作品的深入分析、理解和评价，以及对艺术创作的深入探索和实践。高校审美教育不仅在于巩固和提升学生的审美能力，更在于深化他们对美的理解和表达。为此，高校会鼓励学生通过独立艺术创作和学术研究，深入探索美的本质和内涵，从而培养他们的创新思维和批判精神。

以经典音乐作品《梁祝》的学习为例，中小学阶段的教学主要侧重于音乐感知与欣赏、基础音乐知识的传授、文化认知的启蒙，以及初步的表演技能训练。通过这些教学活动，学生能够感受到旋律的优美，辨识出音乐中的元素，并了解到作品背后的文化故事，从而体验音乐创作的乐趣。而在高等教育阶段，《梁祝》的教育目标则更为深入和复杂：除了音乐分析与解读、音乐审美与历史文化研究的结合外，高校更强调提升学生的音乐表现力与演绎能力，培养其音乐鉴赏与评论的专业素养。此外，高校还会鼓励学生进行跨学科融合与创新，将《梁祝》与其他艺术形式相结合，探索音乐在不同文化语境中的新表达。

中小学审美教育与高校审美教育在教育目标上的差异，不仅体现了审美教育在不同阶段的不同侧重点和培养方向，更展现了审美教育由浅入深、由易到难的递进式发展要求。这种递进式发展要求有助于学生在不同阶段获得相应的审美能力和艺术素养，从而更好地欣赏美、创造美。

二、高校审美教育与中小学审美教育在教育内容上的差异

中小学审美教育在教育内容上更注重基础知识和技能的传授，而高校审美教育则更侧重深入的艺术理论与实践探究，以及跨学科的内容融合。这种差异体现了不同阶段审美教育的不同需求和侧重点，也为学生提供了从基础到专业的全面发展路径。

中小学审美教育在教育内容上更侧重于基础知识和技能的传授。这一阶段的教育主要通过美术、音乐等艺术课程，向学生介绍基本的艺术元素、技巧和表现形式。例如，在美术课程中，学生学习线条、色彩、形状等基本概念，并通过简单的绘画和手工制作等活动，培养动手能力和创造力。音乐课程则可能侧重基本的乐理知识和音乐欣赏，让学生通过唱歌、演奏等活动感受音乐的韵律美。

相比之下，高校审美教育的内容则更为深入和广泛。以凡·高的经典作品《星空》学习为例，中小学教师会引导学生进行初步的观察和描述，让学生感受画作的色彩和线条魅力，并尝试模仿创作，以此激发学生的艺术兴趣和想象力。而在高校审美教育中，教师可以通过深入分析画作的艺术手法和历史价值，引导学生从更深层次理解作品；还可以引入跨学科的合作项目，如邀请音乐专业的学生与其他专业的学生一起探讨如何将《星空》这样一幅画作带给人们的感受转化为乐曲，通过跨学科的融合拓宽学生的艺术视野和创作思路。在高等教育阶段，学生有机会接触到更为专业和前沿的艺术理论与实践经验，包括艺术史、艺术批评、艺术创作等多个方面。艺术史课程可能涵盖从古代到现代的各种艺术流派和作品，能让学生了解不同文化和历史背景下的艺术发展。艺术批评课程则可能侧重于培养学生的分析和评价能力，让他们学会如何从不同角度解读和评判艺术作品。此外，高校审美教育还可能包括独立的艺术创作课程，鼓励学生通过亲身实践来深化对美的理解和表达。除了

专业课程外，高校审美教育还可能涉及跨学科的内容，如文化与艺术、科技与艺术等融合领域。这些内容旨在拓宽学生的视野，引导他们思考艺术在当代社会中的角色和价值。

三、高校审美教育与中小学审美教育在教育方法上的差异

中小学审美教育与高校审美教育在教育方法上各有特色，以适应不同阶段学生的认知能力和审美发展需求。中小学阶段更注重直观教学和互动参与，旨在培养学生的审美感知和实践能力；而高等教育阶段则侧重将理论探究、实践创作与学术研究相结合，以深化学生的艺术理解、提升学生的创作能力和学术素养。

中小学审美教育通常采用直观教学和互动参与的方式。由于学生认知能力和审美经验有限，教师会通过展示实物、图片、视频等直观材料，帮助学生形成美的直观感受。例如，在色彩课程中，教师可能让学生猜测彩色粉笔的颜色，或展示名画、工艺品引导学生观察线条、色彩和构图，从而培养他们的审美感知能力。同时，中小学也强调学生的互动参与，如组织绘画、手工制作、音乐表演等活动，让学生在实践中体验美、创造美。

相比之下，高校审美教育则更加注重理论探究、实践创作与学术研究的结合。高校教师会运用讲座、研讨会等形式传授艺术理论知识，并引导学生深入分析艺术作品背后的意义。例如，在艺术批评课程中，教师会讲解如何分析艺术作品的形式、内容、风格和意境，并组织学生参观展览，在分析和批评方面进行实践。此外，高校鼓励学生进行独立艺术创作，并通过撰写学术论文或研究报告提升学术素养和研究能力。这种教育方法不仅深化了学生对艺术的理解，还培养了他们的批判性思维和学术研究能力，为学生提供了更加全面和深入的学习体验。

四、高校审美教育与中小学审美教育在教育评价上的差异

中小学审美教育的教育评价更注重对基础技能和表现的评价，而高

校审美教育的教育评价则更加多元化，注重对创新性、学术价值以及过程的评价。这种评价上的差异体现了不同阶段审美教育的不同目标和要求，也为学生提供了更加全面和深入的学习和发展机会。

中小学审美教育的教育评价通常更加注重对学生基础技能和表现的评价。在中小学阶段，对学生的艺术作品和表演往往会有一定的评分标准，如绘画的技法、音乐的演奏技巧等。这些评价标准相对明确，侧重于对学生技能掌握情况的考核。同时，中小学阶段的教育评价也倾向于鼓励学生的参与和进步，让他们在艺术学习中保持积极性和自信心。例如，在期末美术考试中，学生会根据给定主题创作，教师会根据绘画技法、色彩运用、构图等标准对作品进行评价，并给予学生积极的反馈和鼓励。

高校审美教育的教育评价则更为复杂和多元化。在高等教育阶段，对学生的艺术作品和学术研究进行评价不仅要考虑其技能水平，还要考虑其创新性、独特性以及学术价值。例如，在艺术创作方面，高校的教育评价可能会关注学生的作品是否展现了独到的艺术视角、深刻的主题探讨，或具有实验性和探索性的表现手法。在学术研究方面，高校则更看重学生的论文或研究报告是否提出了新颖的观点、运用了严谨的论证方法，以及对相关艺术理论分析和探讨是否深入。此外，高校审美教育的教育评价还更加注重过程而非结果，即教师在评价学生的学习成果时，会综合考虑学生在艺术创作或学术研究过程中的努力、尝试、反思和改进等方面。例如，在艺术创作课程中，教师会关注学生的主题深度、创新性和艺术表现力，并与其进行深入交流，了解其创作思路和过程，对学生的尝试和反思给予充分肯定。这种评价方式有助于鼓励学生进行更加深入的学习和思考，培养他们的创新思维和解决问题的能力。

第二节　高校审美教育与社会审美教育的比较

在高校教育和社会教育体系中，审美教育都扮演着不可或缺的角色，但二者的实施方式、目标和效果存在显著差异。高校审美教育更注重系统性和理论性，致力培养学生的综合素质和创新能力；而社会审美教育则更加关注个体的生活体验和精神需求，旨在提升成人的生活质量和人文素养。

高校审美教育通常作为学生综合素质培养的一部分，融入各种艺术课程和文化活动，侧重通过系统的艺术理论教学和实践操作，培养学生对美的感知、鉴赏和创造能力。高校审美教育强调对艺术作品的深度解读，对艺术理论的充分掌握，以及对各种艺术形式的实践操作。此外，高校审美教育还承担着培养学生批判性思维、创新意识和人文素养的重任。

相比之下，社会审美教育则更多地关注提升个体的生活品质和精神追求，它往往与实际生活紧密联系，旨在通过艺术欣赏和创作活动，丰富成人的精神世界，缓解生活压力，提升生活情趣。社会审美教育的内容更加灵活多样，可以根据个人的兴趣和需求进行定制化的学习。同时，社会审美教育也注重培养成人的社交能力和团队协作精神，通过各种艺术交流活动，促进成人之间的沟通与互动。

一、高校审美教育与社会审美教育在教育对象上的差异

高校审美教育的教育对象主要是在校学生，他们正处于青年时期，思维活跃，求知欲强，对新鲜事物充满好奇。高校学生的审美需求和兴趣点通常更加多元和前卫，他们渴望通过审美教育提升个人的艺术修养，拓宽视野，同时希望通过艺术表达自己的情感和思想。因此，高校审美教育在内容上更注重广泛性和基础性，旨在为学生提供多样化的艺术体

验和实践机会。

社会审美教育的对象则是已经步入社会的成人。成人的审美需求和兴趣点可能更加成熟和专业，他们往往对某一艺术领域或形式有着浓厚的兴趣和独到的见解。社会审美教育更注重个性化和深度，以满足不同成人的专业需求和兴趣爱好。

二、高校审美教育与社会审美教育在教育目标与定位上的差异

高校审美教育与社会审美教育在教育目标与定位上存在显著的差异，这些差异主要体现在对学生或成人不同发展阶段的需求和特点的适应性上。高校审美教育的教育目标在前文中已有论述。社会审美教育的教育目标更加侧重对实际生活和精神需求的满足。对于成人来说，他们大多已经形成了稳定的世界观、人生观和价值观，因此，社会审美教育更多地作为一种精神生活的补充和丰富。通过艺术欣赏和审美活动，成人可以寻找到生活中的乐趣和意义，从而提升自己的生活品质。例如，在钢琴学习中，社会审美教育的教育目标就显得更为实际和实用。成人学员可能因兴趣爱好或自我提升需求而选择学习钢琴，他们的学习目标多样，包括技能速成以便弹奏简单曲目或伴奏，将钢琴作为休闲娱乐方式放松心情、陶冶情操，以及在社交场合中通过弹奏钢琴提升个人魅力。这些目标体现了成人学习注重实际应用。而高校审美教育在钢琴学习上的教育目标可能更注重技能与理论的深度融合，强调学生对音乐历史的了解，以及对学生个人演绎能力和创造力的培养。

社会审美教育注重培养成人的艺术兴趣和爱好，为其提供灵活多样的学习方式以满足个性化需求。成人拥有更多的自主权和选择权，可以决定自己的学习内容和方式，因此，社会审美教育可以根据个人兴趣和需求进行定制化的学习。这种学习方式不仅满足了成人的个性化需求，还帮助他们拓宽了社交领域，结交了更多志同道合的朋友。

同时，社会审美教育还通过艺术活动来缓解成人的生活压力，促进他们的身心健康。在现代社会中，成人面临着种种压力和挑战，而艺术

活动则是一种有效的压力释放方式。通过参与艺术创作和欣赏，成人可以暂时忘却生活的烦恼和压力，沉浸在美的世界中，感受到心灵的宁静和愉悦。这种愉悦感不仅提升了成人的生活质量，还有助于促进他们的身心健康。

当然，社会审美教育也致力提高成人的文化素养和审美情趣。成人在日常生活中已经积累了一定的文化知识和审美经验，通过系统的审美教育，他们可以更加深入地理解艺术的内涵和价值，从而进一步提升自己的文化素养和审美情趣。这种提升不仅有助于丰富成人的精神世界，还有助于他们在社交和职业场合中表现得更加优雅和得体。

三、高校审美教育与社会审美教育在教育内容与课程设置上的差异

高校审美教育与社会审美教育在教育内容与课程设置上各具特色。高校审美教育以全面、深入地培养学生的艺术素养和创作能力为重心，其教育内容注重系统性和专业性，课程设置通常围绕艺术理论、艺术史、艺术创作与批评等方面展开，旨在为学生奠定扎实的审美知识基础，培养学生艺术实践能力。例如，高校会开设艺术概论、美学原理等理论课程，以及绘画、音乐、舞蹈、戏剧等艺术门类的专业课程。这些课程不仅传授艺术知识，还通过实践教学环节，如艺术创作实践、艺术作品分析等，培养学生的审美创造力和批判性思维能力。

相比之下，社会审美教育更加贴近实际生活和个性化需求，致力提升成人的审美体验与实际操作技能。其教育内容紧密围绕实际生活，注重实用性和生活性的结合，选择与生活紧密联系的艺术形式和内容，旨在满足成人在日常生活中对美的追求和欣赏需求。例如，社会审美教育会开设摄影技巧、手工制作、家居装饰等课程，这些课程不仅有助于提升成人的审美水平，还能让他们在实际操作中感受艺术的魅力。此外，社会审美教育还结合成人的兴趣和需求，提供个性化的学习内容和方式，以激发他们的学习热情和积极性。

尽管高校审美教育与社会审美教育在教育内容与课程设置上存在差异，但它们并非完全割裂。在实际教学中，二者可以相互借鉴、取长补短。高校审美教育可以通过增加实践课程的比例，增强学生的实际操作能力；而社会审美教育则可以适当引入理论知识，提升学员的审美深度和广度，共同推动审美教育的普及与发展。

四、高校审美教育与社会审美教育在教育方法与手段上的差异

高校审美教育与社会审美教育在教育方法与手段上各有侧重。高校审美教育注重系统性和实践性的结合，通过课堂教学、实践操作、小组讨论等多种方式，培养学生的艺术素养和批判性思维。在课堂教学中，教师通常采用讲授法、案例分析法和讨论法相结合的方式，引导学生深入理解艺术理论和审美原理。例如，在艺术史类的课程中，教师会通过案例分析，帮助学生理解不同历史时期艺术风格的演变及其背后的文化内涵。实践操作环节则通过艺术创作、作品临摹、艺术表演等形式，让学生在实践中提升艺术技能和审美能力。此外，小组讨论和项目式学习也是高校审美教育的重要方法，通过团队合作完成艺术项目，培养学生的协作能力和创新思维。

社会审美教育则更加注重学习的灵活性和实用性，以适应成人学员的实际需求和学习特点。讲座和工作坊是社会审美教育的常见形式。讲座通常由艺术领域的专家或艺术家主讲，为成人学员提供艺术领域的最新动态、艺术鉴赏的方法和技巧等内容。而工作坊则更加注重实践操作，学员可以在教师的指导下亲身体验艺术创作的过程，如绘画、雕塑、摄影等。这些活动不仅能够提升学员的艺术技能，还能够让他们在创作过程中感受到艺术的魅力和乐趣。此外，社会审美教育还非常注重实践体验和互动交流。通过参观艺术展览、艺术品鉴等活动，学员可以在实际体验中提升艺术鉴赏能力和审美情趣。学员之间的交流也是社会审美教育的重要组成部分，他们可以分享自己的艺术见解和创作经验，相互学习、共同进步。随着科技的发展，现代科技手段在社会审美教育中的应

用也越来越广泛，如虚拟现实技术、在线平台等，这些手段的应用不仅增强学员的学习体验，还能提高学习效果。

五、高校审美教育与社会审美教育在教育效果评价上的差异

教育效果评价是衡量教育质量的重要手段，对于高校审美教育与社会审美教育而言同样重要。高校审美教育注重系统性、实践性和创新性培养，通过规范、多样的评价方式全面反映学生的学习成果。评价方式通常包括课程考试、实践作品评估、课堂表现评价和学期综合评价等。课程考试侧重于检验学生对艺术理论和知识的掌握程度；实践作品评估则通过学生的作品创作、表演或设计成果，评价其艺术实践能力和创新能力；课堂表现评价关注学生在课堂讨论、小组合作中的参与度和表现；学期综合评价则对学生在课程学习中的整体表现进行全面评估。这种多元化的评价方式能够全面反映学生的学习成果，促进学生在艺术素养、实践能力和创新思维等方面的全面发展。

社会审美教育则更加注重成人的实际体验和感受以及艺术活动的参与度，强调采用自我评价和同伴评价相结合的方式进行评价。成人学员通过审美教育丰富了精神生活，提高了生活质量和审美情趣。他们通过参与艺术活动和学习艺术知识，感受到了艺术的魅力和价值，使自己的生活更加多姿多彩。评价社会审美教育效果需要充分考虑学员的反馈和感受，以及他们在艺术活动中的表现和参与情况。自我评价能够帮助学员反思自己的学习过程和成果，发现自己的优点和不足，并制订改进计划；同伴评价则能够鼓励学员之间进行交流与分享，促进彼此的学习和进步。这种评价方式不仅能够促进学员之间的互动和合作，还能够提升他们的学习动力和自信心，从而进一步推动审美教育的发展。

第五章 高校审美教育与其他教育内容的关系

审美教育并不是孤立存在的，而是教育体系的一个重要组成部分，与道德教育、智力教育、体质教育以及劳动教育共同构成了全面发展的教育体系。审美教育与道德教育、智力教育、体质教育和劳动教育存在着紧密的联系和互补关系。道德教育培养学生的道德品质和社会责任感，智力教育发展学生的逻辑思维和认知能力，体质教育锻炼学生的身体素质和运动技能，劳动教育则着重培养学生的实践能力和劳动精神。审美教育在这些教育领域中起到了桥梁和纽带的作用。

审美教育与道德教育相辅相成，通过艺术的感染和熏陶，培养学生的道德情感和审美情趣。智力教育在传授知识的同时，也借助审美教育的直观性和情感性，激发学生的学习兴趣和创新能力。这表明审美教育不仅是为了娱乐或学习技能，还为了道德教育和心灵净化。而体质教育中的节奏感和协调性，与审美教育中的音乐、舞蹈等元素紧密联系，共同促进学生的身心和谐发展。劳动教育则通过实践操作，让学生体验到美的创造过程，从而加深学生对美的理解和感悟。

第一节 高校审美教育与道德教育的互补

审美教育与道德教育在高校教育中扮演着不同的角色，它们并非孤立存在的，而是相互关联、相互促进的。这种互补不仅体现在教育内容的相互渗透和教育方法的相互借鉴上，更体现在教育目标的共同实现上。

审美教育是一种注重学生情感体验的教育方法，主要通过艺术审美、社会审美等多元活动，培养学生的审美鉴别力和深层次的审美意识。这种教育方式特别注重学生的情感共鸣，通过美的直观形象，以潜移默化的方式影响学生，使他们在欣赏美的过程中自然接受道德教育。审美教育旨在激发学生的创新思维和艺术想象力，提升他们的艺术修养，进一步滋养他们的道德情感，为学生的全面发展和个人成长奠定坚实的基础。与此同时，道德教育致力于塑造学生的道德品质，引导他们形成良好的行为习惯。道德教育主要运用理论和行为规范进行教育，重在培养学生的道德思考能力和坚韧的意志力，目标是使学生自觉遵循道德规范，形成优秀的行为习惯。

审美教育与道德教育之间存在着密切而不可分割的联系。审美教育以其直观的美感，无声无息地推动着学生的道德发展。美丽的艺术作品和壮丽的自然景观所蕴含的深远意境和高尚情操，能够触动学生的道德情感，使道德教育在欣赏美的过程中得以自然展开。与此同时，道德教育则通过系统的理论教育和实践指导，培育学生的审美情感和审美能力，引导他们以正确、健康的态度欣赏和理解美。这种相互关联和相互促进的关系，共同构成了学生全面发展的重要基础，为他们的成长和发展提供了有力的支持。审美教育与道德教育相辅相成。前者通过情感的熏陶，后者通过理性的引导，二者共同促进学生的道德品质和审美素养的全面提升，实现学生的全面发展。这种双重教育的融合，不仅能够提升学生的道德认知和艺术修养，更能推动他们形成完整、和谐的人格。

一、教育内容上的互补

审美教育主要通过艺术审美活动来培养学生的审美能力和审美意识。这些活动包括音乐欣赏、绘画欣赏、舞蹈欣赏等。而道德教育则主要通过讲道理和行为规范来培养学生的道德观念。在教育内容上，二者可以相互渗透。例如，在音乐欣赏中，教师可以通过引导学生欣赏音乐的美，传递音乐背后的道德寓意。这样，学生既能够欣赏音乐的美，又能够受到道德教育。

二、教育方法上的互补

审美教育注重学生的情感体验和感性认知，而道德教育则注重学生的理性认知和行为规范。在教育方法上，二者可以相互借鉴。例如，在道德教育过程中，教师可以借鉴审美教育的方法，通过创设生动的道德情境，激发学生的道德情感。而在审美教育中，教师也可以借鉴道德教育的方法，通过引导学生理性分析艺术作品，培养他们的审美判断力和批判性思维。

三、教育目标上的互补

审美教育和道德教育的最终目标都是促进学生的全面发展。在教育目标上，二者可以相互促进。审美教育可以培养学生的审美能力和创造力，提升他们的艺术修养。而道德教育则可以培养学生的道德品质和文明行为习惯，使他们的行为更加符合道德规范。二者的结合可以使学生既具有高尚的道德品质又具有卓越的审美能力。

高校审美教育与道德教育的互补，对学生的未来发展具有深远影响及重要意义。此种教育模式不仅注重对学生的知识技能的培养，更强调对学生的情感态度与价值观的塑造，从而为他们的未来生活和职业发展奠定坚实的基础。在道德教育引领下，学生提高对社会问题的关注度，理解并尊重多元文化，形成积极的社会态度。这种责任感不仅体现在个体学生时期，还贯穿于个体未来工作和生活，使他们在公益事业、社区活动及工作中都能积极履行社会责任，成为推动社会进步的力量。审美教育使学生学会欣赏与创造美，为心灵提供慰藉；道德教育则帮助学生树立正确道德观念，保持乐观态度面对挑战。这些能力对学生未来的生活和工作至关重要，能够帮助他们应对压力、保持身心健康。

在快速变化的现代社会，个人专业技能已非唯一衡量标准，企业和组织更看重综合素质，包括创新思维、批判性分析和团队协作能力等。因此，审美教育与道德教育的融合变得尤为重要。通过艺术欣赏与创作等审美教育，学生可以锻炼想象力和创新思维；道德教育则引导学生明确价值观，学会团队合作与解决问题。这种综合性培养使学生在提升技术性技能的同时，也提升了非技术性技能，从而更好地适应社会变化与挑战。学生不仅要学习知识，更要学会如何学习、思考，这种能力将伴随他们一生，助力他们迅速掌握新知识与新技能。

第二节　高校审美教育与智力教育的关联

高校审美教育与智力教育之间存在着紧密的关联。这种关联不仅体现在二者在教育目标上的一致性上，还体现在它们相互促进、共同发展的过程中。审美教育对于提升个体的学习动力和探索精神具有关键作用。审美教育通过引导学生发现和欣赏美的价值，激发他们的学习热情和好奇心，使他们在智力教育领域中表现出更加主动和积极的姿态。这种积极的学习态度使学生能够不断探索新的知识领域，实现自我超越和成长。

审美教育通过培养个体的审美感受力和创造力，为智力教育提供了必要的感性基础，使个体能够更加敏锐地感知和理解世界，从而为智力教育中的理性思考和学习打下坚实的基础。在审美活动中，个体需要调动感知、想象、情感等多个心理功能，这种综合思维能力的培养对于个体在智力教育中解决复杂问题、进行创新思维具有重要意义。通过审美教育，个体可以学会从不同的角度和层面分析和解决问题，提高思维的灵活性和创造性。

在审美过程中，个体不仅会对美的对象产生愉悦的情感体验，还会在潜移默化中接受道德观念的熏陶。这种道德情感的培养有助于个体在智力教育中树立正确的价值观和道德观，形成良好的道德行为习惯。因此，审美教育与智力教育在道德情感的培养上也是相辅相成的。审美教育通过促进个体在情感、意志、智力等方面的和谐发展，使个体在智力教育中更加全面、均衡发展。这种全面人格的培养不仅有助于提高个体的综合素质，还有助于个体在未来的生活和工作中更好地适应各种环境和挑战。

一、在思维方式和能力培养上的关联

审美教育和智力教育在思维方式和能力培养上存在着密切的关联。在思维方式方面，二者都强调思维的培养和发展。智力教育主要通过逻辑思维、分析思维等方式来培养学生的理性思维能力，而审美教育则通过形象思维、直觉思维等方式来培养学生的感性思维能力。这两种思维方式并不是相互排斥的，而是可以相互补充、相互促进的。

在能力培养方面，智力教育主要培养学生的分析、推理、判断等逻辑思维能力，以及数学、物理、化学等学科知识的掌握和运用能力。而审美教育则主要培养学生的感知、欣赏、创造等艺术能力，以及对美的敏感度和鉴赏力。例如，在艺术欣赏的过程中，学生不仅需要运用感性思维感知和欣赏艺术作品的美，同时需要运用逻辑思维分析和理解艺术作品的内涵和意义。这种跨界的思维方式有助于培养学生的创新思维和解决问题的能力。

二、激发学生的想象力和创造力促进智力发展

想象力和创造力是智力发展的重要组成部分，而审美教育在这方面具有独特的优势。艺术作品本身就需要丰富的想象力和创造力才能创作出来，因此，通过欣赏和创作艺术作品，学生可以接触到不同的艺术风格和表现手法，从而激发自身的想象力和创造力。审美教育可以为学生提供广阔的想象空间。在艺术创作和欣赏的过程中，学生需要运用自己的想象力理解和创造艺术作品中的形象和意境。这种想象过程不仅有助于培养学生的形象思维能力，还有助于激发他们的创新思维和创造力。审美教育还可以通过艺术创作来培养学生的创造力。在艺术创作过程中，

学生需要运用所学的艺术知识和技能创作出自己的作品。这个过程不仅需要学生具备扎实的艺术基础，还需要他们具备创新思维和创造力。通过不断的实践和创新，学生的智力水平也会得到相应的提升。

三、提升创新与解决问题的能力

审美教育对于提升学生的创新能力和解决问题的能力具有显著作用。审美教育引导学生欣赏多种类型的艺术作品，不仅拓宽了学生的知识视野，还促使他们深入探索作品背后的文化、历史和社会背景，从而增加了其文化素养和思维的广度与深度。艺术作品蕴含丰富的意象和隐喻，需要欣赏者运用想象力和创造力进行解读。审美教育通过引导学生多角度、多层次地解读艺术作品，锻炼了他们的思维能力，激发了他们的创造力和想象力。审美教育鼓励学生独立思考，对艺术作品进行客观评价。在这一过程中，学生需要运用逻辑分析和判断能力，深入探讨作品的价值。这种批判性思维能力的培养，有助于学生在面对各种信息时保持清醒的头脑，做出明智的判断和选择。

艺术作品作为创新思维的产物，为审美教育提供了丰富的素材。通过欣赏和分析具有创新性的艺术作品，学生的创新思维得以激发。同时，鼓励学生动手创作艺术作品，让他们在实践中体验创新的乐趣，培养了他们勇于创新的精神。艺术作品的多重解读空间为学生提供了从不同角度看待问题的机会。审美教育通过深入剖析艺术作品，引导学生学会多角度分析和解决问题。这种多元化的视角有助于学生在面对复杂问题时找到更多解决方案。另外，艺术创作和欣赏需要长时间的投入和专注。审美教育通过引导学生参与艺术创作和欣赏活动，培养了他们的耐心和毅力，为智力教育注入了新的活力。

四、提供丰富的思考和感悟空间

艺术作品与审美体验在引导学生产生情感共鸣与进行深入思考方面发挥着重要作用。学生在欣赏艺术作品时，会受到其中所呈现的形象与意境的吸引，进而产生深刻的情感体验与思考。这种体验不仅有助于学生更准确地把握作品的内涵与意义，同时能够激发他们的求知欲和探索精神。艺术作品通常蕴含着丰富的人生哲理与思想启示，学生通过欣赏与感悟这些作品，可以更加深入地理解和思考人生的目的与价值。这一过程不仅有助于塑造学生正确的世界观、人生观与价值观，还能够提升他们的思想境界和人文素养。

第三节　高校审美教育与体质教育的交融

在现代教育体系中，审美教育与体质教育是两个相辅相成的领域。它们各自承载着不同的教育目标，但都致力于促进学生的全面发展。审美教育强调美的感知、欣赏和创造，而体质教育则侧重于身体锻炼和健康生活方式的培养。二者在培养学生身心健康、塑造形体美以及提升综合素养方面展现出了紧密的联系和交融。

一、身心健康的共同培育

体质教育通过体育锻炼增强学生的体质，促进他们的身体健康；审美教育则通过艺术欣赏和创作，调节学生情感，缓解学习压力，有助于学生心理健康。在体质教育中，形体训练、舞蹈等课程不仅有助于保持身体健康，还能塑造优美的体形，提升学生的形体美。审美教育则通过艺术欣赏和创作，使学生深刻认识到形体美的重要性，并学会欣赏和评价形体美。这种交融使得学生在追求健康的同时，培养审美能力。

二、意志品质与个性发展的协调

审美教育通过艺术的熏陶，使学生形成了丰富的情感世界，使他们的情感更加细腻，有助于他们理解和表达内心感受。体质教育则通过体育活动，锤炼了学生的意志品质，使他们在面对挑战时更加坚韧。这种交融使得学生在锻炼身体的同时，在情感和意志上也得到了锻炼。审美教育还鼓励学生发挥创造力，展现独特个性，而体质教育通过团队合作和竞技对抗，培养了学生的社会责任感和团队协作能力。这种交融使学生在保持个性的同时，学会了如何更好地融入社会，与他人和谐共处。

三、教育目标与实践路径的融合

审美教育与体质教育虽然在方法和内容上有所不同，但它们在教育目标上具有一致性。二者都致力于促进学生的全面发展，包括身体、心理、情感、意志、个性和社会性等多个方面。通过这种交融的教育，学生能够在多方面得到均衡发展，形成健全的人格。在实践路径上，二者可以在课程设计、实践活动、教师引导等方面实现有机结合。体育课程不仅可以锻炼学生的身体，还可以融入美学元素，如节奏感、协调性和动作的流畅性，使学生在运动中体验到美的存在。

此外，高校体育设施的设计与现代审美元素的融合也是审美教育与体质教育交融的重要体现。体育设施的审美设计旨在实现功能性与美观性的双重目标，同时与校园环境相融合，为学生和教师打造既实用又雅致的运动场所。通过融入现代审美元素，体育设施得以摆脱传统单调的形象，成为校园中引人注目的艺术品。这些设施与校园中的绿树、红花、流水等元素相互辉映，共同构成了一幅幅美丽的画面。这不仅能够满足学生的体育锻炼需求，还能够在潜移默化中培养他们的审美情感，提升他们的生活质量。

第四节　高校审美教育与劳动教育的共生

审美教育与劳动教育构成了一种天然的共生关系，它们在教育理念、内容、方式和目标上相互促进、相辅相成。这种共生不仅有助于学生的全面发展，而且对于培养适应社会发展需求的高素质人才具有重要意义。

从教育理念上来看，审美教育与劳动教育的共生体现在它们共同致力于提升学生的综合素养上。审美教育强调美的感知、欣赏和创造，而劳动教育则侧重于实践能力的培养和劳动精神的塑造。二者的结合，使学生在体验劳动的艰辛与乐趣的同时，也能提升对美的感受和创造能力，从而实现知行合一。在教育内容上，审美教育与劳动教育可以相互渗透，共同丰富教育内容。例如，在劳动教育中，学生通过制作手工艺品、种植植物等活动，不仅能够学习到劳动技能，还能体会到劳动成果的审美价值。同样，审美教育中的艺术作品也可以成为劳动教育的素材，让学生在欣赏美的同时，理解劳动的意义和价值。

一、劳动兴趣的激发

审美教育通过艺术作品的欣赏和创作，能够激发学生的劳动兴趣和动力。教师可以展示精美的手工艺品、绘画作品等，让学生感受到劳动成果的审美价值，从而引发他们对劳动的向往和兴趣。组织学生参与艺术创作活动，如绘画、雕塑等，可以让他们在创作过程中体验到劳动的快乐和成就感。这种体验不仅让学生更加珍惜自己的劳动成果，还培养了他们对劳动的尊重和热爱。

二、情感态度的培养

审美教育和劳动教育都有助于培养学生的情感态度。审美教育能够陶冶学生的情操，培养其对美的热爱和对生活的积极态度。劳动教育则能让学生通过劳动实践学会尊重劳动、珍惜劳动成果，培养勤劳、坚韧、有责任心等良好品质。这些情感态度的培养，对于学生的个人成长和社会发展都具有重要意义。

三、社会适应性的提升

审美教育和劳动教育的结合，有助于学生更好地适应社会的需求和挑战，提升其在社会中的竞争力和适应能力。这种共生的教育模式，能够培养出既具备审美能力又具备劳动技能的复合型人才，满足社会的多元化需求。通过这种教育，学生能够在实践中发现美、创造美，同时能够在审美中体验劳动的价值，从而更好地服务于社会和个人的发展。

第六章　高校审美教育课程体系的构建与创新

第一节　课程设置

课程是教学的基本单位，课程设置是指根据教学目标和学生特征，对课程内容、课程结构、教学方式等进行规划和安排的过程。它需包含诸如课程目标、内容选择、教学顺序等关键要素，以确保教学体系的科学合理。以下将根据学生的年龄、学习特点和兴趣偏好等因素对学生特征进行分析，并在此基础上对课程内容设计、课程结构安排给出建议。

一、学生特征分析

（一）年龄与心理特征

高校学生通常处于青年时期，分析这一阶段学生的心理特征对于审美教育课程的设计至关重要。根据认知发展理论，高校学生已超越了形式运算阶段，他们的认知能力仍在不断成熟中，特别是抽象逻辑思维、批判性思维和创造性思维能力显著增强。这意味着，在审美教育课程中，教师可以引导学生进行深层次的艺术分析与评价，鼓励他们提出独到见解，培养他们批判性审美眼光。

在情感需求方面，心理社会发展理论指出，成年早期是建立自我同一性和亲密感的关键时期。高校学生正处于这一阶段，他们渴望探索自我身份，寻找归属感，同时对社会问题有着敏锐的感知和强烈的情感反应。因此，审美教育应成为他们情感表达和自我探索的重要渠道。教师可以通过艺术作品的欣赏与创作，引导学生接触和理解多元文化，帮助学生在艺术的浸润中表达内心情感，促进情感的成熟与稳定。同时，通过审美教育，学生能够在对艺术作品的深入理解和创作实践中，逐渐形成对社会问题的深刻洞察力和社会责任感，从而推动社会角色意识的形成与发展。

（二）学习特点与兴趣偏好

深入分析高校学生的年龄与心理特征、学习特点与兴趣偏好，是构建高校审美教育课程体系的基础。实施个性化教学策略，不仅能够增强学生的审美情趣和审美能力，还能促进他们的全面发展，为未来的社会生活和文化创新奠定坚实的基础。要深入了解高校学生的审美偏好和学习风格，高校在设计相关课程时可采用问卷调查、深度访谈、小组讨论等多种方法。问卷设计应涵盖艺术门类的偏好（如音乐、绘画、戏剧、电影等）、学习方式的偏好（如线上学习、实地考察、小组讨论等）以及审美体验中的情感反应等方面。深度访谈和小组讨论则可进一步挖掘学生背后的动机、期望及学习中遇到的挑战。从收集到的数据中，高校可以发现学生群体中存在多样化的审美偏好和学习风格。例如，一些学生可能偏爱传统艺术形式，注重艺术作品的历史背景和文化内涵；另一些学生则更倾向于现代或前卫艺术，追求新颖独特的审美体验。在学习风格上，有的学生偏好独立学习，享受深度阅读和自我探索；有的学生则更喜欢合作学习，通过讨论和互动来激发灵感。

针对这些差异，个性化教学策略显得尤为重要。课程内容应兼顾传统与现代、经典与创新，以满足不同审美偏好学生的需求。高校可采用混合式学习模式，结合线上资源与线下实践，既满足独立学习者的需求，也为合作学习提供平台。高校要鼓励教师采用差异化教学方法，如分层教学、项目式学习等，让每个学生都能用适合自己的节奏和方式学习，从而最大化地激发他们的学习潜力和创造力。

二、课程设置的原则

（一）全面性原则

全面性原则要求课程设置不仅要涵盖美学的基本理论，还要涉及各种艺术形式的鉴赏方法以及实际操作技能等多个方面，确保学生不仅能够掌握审美的核心概念，还能够在实践中深化理解。

（二）系统性原则

系统性原则强调课程的层次性和连贯性。课程应按照由浅入深、循序渐进的方式设置，从基础的美学知识开始，逐步深入具体的艺术创作和鉴赏。这种循序渐进的方式能够帮助学生更好地吸收和掌握知识。

（三）个性化原则

个性化原则体现了对学生个体差异的尊重。每个学生都有自己的兴趣和天赋，课程设置应考虑学生的个性化需求，提供多样化的选修课程，以适应不同学生的兴趣和发展方向，进一步激发他们的学习热情。

三、课程内容设计的关键

课程内容设计是指根据教学目标、学生特征以及学科发展要求，对课程的具体内容、结构、教学方式等进行系统规划和安排的过程。它涵盖跨学科整合、理论与实践融合、经典传承与现代创新、模块化灵活组合等多个关键设计方面。

（一）构建跨界的艺术视野

为了深化学生对艺术的理解并激发其创新能力，课程内容设计需精心实施跨学科整合策略，深入挖掘音乐、绘画、戏剧、电影等不同艺术学科之间的内在联系与相互作用。具体而言，教师可通过一系列精心设计的分析活动，如对比研究、专题研讨及创作实践，来揭示不同艺术形式中节奏、色彩运用、叙事结构等核心元素的共通性与差异性。此过程旨在帮助学生从跨学科角度全面理解艺术形式，同时激发创新思维，鼓励学生探索新颖的艺术表现形式。

此外，跨学科整合的视野应跨越艺术学科界限，积极探索艺术学科与其他学科的交汇点。例如，高校可引入数字艺术课程，探讨现代科技手段在艺术创作中的应用；开设艺术科技课程，分析科技如何改变艺术的呈现方式与观众体验；设置艺术心理学课程，研究艺术作品对人的心理与情感的影响。这些前沿课程的融入，将使学生从科技、哲学、社会学等多重视角审视艺术的价值与意义，从而培养学生全面且深入的艺术素养。通过这种深入的跨学科融合，学生将有机会打破传统艺术思维定式，学会将艺术学科知识与其他学科知识相结合，形成独特的创新思维方式。在掌握艺术学科基础知识的同时，学生还将拓宽视野，实现对不同文化和艺术形式的理解与尊重。这样的课程内容设计将有助于学生在未来的学习过程与职业生涯中展现出更强的适应性、创造力及领导力。

（二）理论与实践的深度融合

在课程内容设计的革新探索中，深化理论与实践的融合是核心要点。在理论方面，首要任务是构建一套系统化的美学原理、艺术史论等核心课程，为学生奠定坚实的理论基础。这些课程全面覆盖艺术的基本概念、原理及其历史发展脉络，旨在引导学生深入理解艺术的本质与内涵。同时，课程内容需紧跟学术前沿，及时吸纳最新的艺术理论和研究成果，确保学生能够接触到最新的学术动态。在实践方面，强调实践与理论的紧密结合至关重要。教师应设计多样化的艺术创作、艺术欣赏和艺术批评等实践活动，鼓励学生积极参与，使学生通过实践来加深对艺术的理解和感悟。这些实践活动有助于学生将理论知识转化为实际操作能力，同时有助于激发他们的创新思维和创造力。此外，增强学生的实践能力，寻求与业界的合作是关键。高校提供实习、实训等实践机会，可以使学生在真实的工作环境中得到锻炼，将所学理论知识与实际操作相结合，全面提升实践能力和职业素养。

（三）经典传承与现代创新并重

经典传承与现代创新的融合是课程内容设计的核心要素，旨在促进学生全面理解艺术的深度与广度。课程内容应深入挖掘艺术史上的经典作品和理论，使学生通过细致解读与分析，不仅能欣赏到艺术大师的风采，还能深刻理解艺术的传统根基与历史脉络。这样的学习经历不仅能奠定学生深厚的艺术底蕴，还能培养其历史感受与文化自觉，从而更加珍视并传承人类的艺术遗产。然而，经典传承并非意味着排斥现代创新。在现代社会，艺术领域不断创新，新形式与新理念层出不穷。因此，课程内容设计在强调经典传承的同时，还必须重视现代艺术的价值。通过引入当代艺术实践与前沿理论，学生可以紧跟艺术发展的步伐，把握最新动态。这种对现代艺术形式的关注不仅能使学生保持对艺术的敏锐感知，还能激发他们的创新思维，使他们在传统艺术形式的基础上进行创新与实验，为艺术领域注入新活力。

要实现经典与现代的有机融合，课程内容设计可采取以下策略：设置经典艺术赏析课程，深入挖掘经典作品的艺术价值与历史意义；开设现代艺术实践课程，让学生亲身体验现代艺术的创作过程与表现形式；邀请当代艺术家或学者举办讲座与工作坊，促进学生与艺术家或学者的直接交流，使学生感受现代艺术的魅力与创新精神。通过这些策略的实施，学生将能在经典与现代之间找到平衡点，形成独特的艺术风格与审美观念。

（四）模块化的灵活组合

要提供更加灵活且个性化的学习体验，课程内容设计应采用模块化的灵活组合方式。具体而言，就是将整体课程内容精心划分为若干个独立且相互关联的模块或构件，每个模块或构件都专注于特定的艺术领域、实践技能或理论知识。例如，美学原理、艺术史论、艺术创作技巧等核心知识点，都可以被分别设计成独立的模块，以便学生进行深入学习和探索。

这些模块或构件不仅内容明确、针对性强，而且具有一定的灵活性和可组合性。这意味着学生可以根据自己的学习需求、兴趣偏好或专业背景，自由选择并组合不同的模块，从而构建出符合自己个性化需求的学习路径。这样的设计方式，既满足了学生的多样化学习需求，又提高了学习的针对性和实效性。

模块化的灵活组合还为学生提供了多元化的学习体验。他们可以在不同的模块中，接触到丰富多样的艺术形式、风格和理念，从而拓宽自己的艺术视野，提升对艺术的全面理解和感知。同时，这种跨学科的学习方式也有助于培养学生的跨学科审美能力，使他们能够更加深入地理解和欣赏不同艺术领域之间的内在联系和独特魅力。

四、课程结构安排的策略

课程结构安排是课程内容设计的具体实现，要求在设计过程中注重逻辑性与层次性的统一，以确保整个课程体系的系统性和连贯性。

（一）课程结构安排的三个层次

建议采用层次化与递进式的安排，具体分为基础层（奠定理论与实践基础的课程）、进阶层（拓宽艺术视野与促进前沿探索的课程）和高级层（培养批判性思维与创新能力的课程）三个层次。

1. 奠定理论与实践基础的课程

在基础层面，高校可以设置美学原理、艺术史论等核心基础课程。这些课程不仅为学生提供了必要的理论知识，还帮助他们建立起对艺术的基本认知和审美观念。通过系统的学习，学生能够掌握艺术的基本原理和历史发展脉络，为后续的学习打下坚实的基础。另外，高校还可以开设艺术欣赏、艺术创作等实践课程。这些课程旨在培养学生的基本实践能力和审美素养，使他们能够亲身体验艺术的魅力，感受艺术的情感表达。通过实践课程的锻炼，学生能够逐渐形成自己的艺术风格和创作思路，为后续的深入学习做好准备。

2. 拓宽艺术视野与促进前沿探索的课程

拓宽学生艺术视野与促进前沿探索的进阶层面是课程结构安排中的重要环节，能够引导学生深入探索艺术的多个维度。高校可以引入跨学科整合课程，如音乐与绘画的交融、戏剧与电影的叙事等。这些课程通过对比分析不同艺术形式之间的内在联系和共通性，帮助学生形成跨学科的审美视角，提升他们的艺术鉴赏能力和创作水平。高校还可以开设数字艺术、艺术科技等前沿课程。这些课程紧跟时代发展的步伐，介绍艺术的最新发展动态和前沿技术，使学生能够及时了解艺术的最新发展趋势和创新成果。通过前沿课程的学习，学生能够保持对艺术的敏锐感知和创新能力，为未来的艺术实践和研究做好准备。

3. 培养批判性思维与创新能力的课程

在高级层面，高校应注重培养学生的批判性思维和创新能力。高校可以设置艺术批评、艺术研究等高级课程。这些课程旨在引导学生深入分析艺术作品和艺术理论，培养他们的批判性思维和独立思考能力。通过学习和研究，学生能够逐渐形成自己的艺术观念和审美标准，为未来的艺术创作和研究提供有力的支持。同时，高校还可以开展艺术创作项目、艺术实践活动等。这些项目和活动为学生提供了展示自己才华和创意的舞台，使他们能够在实践中不断提升自己的综合实践能力和艺术创作水平。通过参与项目和活动，学生能够锻炼自己的团队协作能力和解决问题的能力，为未来的职业生涯做好准备。

（二）课程结构安排的多样性

1. 满足学生个性化需求的课程

在课程结构安排中，高校需注重个性化与差异化。高校应提供多样化的课程选项和选课制度，以满足学生的个性化需求。学生可以根据自己的兴趣和特长选择适合自己的课程，实现个性化学习。高校还可以根据不同学生的基础和能力差异设置不同难度的课程。分层教学的方式能够确保每个学生都能够在适合自己的难度下进行学习，实现差异化教学。这种个性化的课程安排有助于学生充分发挥自己的潜力和优势，提高学习效果和满意度。

2. 培养学生跨文化交流能力的课程

高校还需注重文化多样性与对学生全球视野的培养，课程结构安排应涵盖不同地域、不同民族的艺术形式和文化传统，使学生能够了解和欣赏多元文化的艺术魅力。通过学习和体验不同文化的艺术形式，学生能够理解文化多样性，培养跨文化交流能力，为未来的国际交流和合作做好准备。教师要引导学生从全球视角审视艺术，鼓励他们参与国际艺术交流和合作项目。通过与国际艺术界的互动和合作，学生能够拓宽自己的视野和思路，提升自己的国际竞争力和影响力。这种全球视野的培养有助于学生更好地适应全球化的发展趋势和挑战。

五、课程设置举例

（一）音乐美学课程设置

1. 课程目标

掌握音乐美学的学科基础知识和基本原理；能够将音乐美学原理与

音乐作品和音乐历史相联系，进行分析和阐释；培养理论思辨能力和审美判断能力。

2.课程内容与教学安排

音乐美学课程内容与教学安排，具体如下。

第一讲　引论（2学时）

介绍音乐美学的学科性质、研究方法和历史发展。通过案例讨论，引导学生理解音乐的特殊性。

第二讲　声音与生理反应（4学时）

讲解声音的物理属性和人对声音的生理反应。进行声音实验，让学生亲身体验声音对生理的影响。

第三讲　音乐审美心理（4学时）

深入探讨音乐审美心理的要素和个性特征。组织学生进行音乐欣赏，并分享各自的审美体验。

第四讲　音乐的形式（8学时）

分析音乐形式的含义、要素和规律。学生通过音乐作品分析，感受形式美的准则与体现。

后续内容与上述教学大纲相对应，包括音乐逻辑与体裁、音乐的内容、音乐的创造与再创造、音乐的风格与流派等。

3.教学方法

讲授与讨论相结合，鼓励学生提问和思考。通过音乐作品欣赏、声音实验等实践活动，增强学生的感性认识和审美体验。定期进行课堂汇报和讨论，培养学生的表达能力和思辨能力。

4.课程评价方式

（1）平时成绩：根据学生的课堂参与情况、讨论表现、作业完成情况等进行评定。

（2）期中考试：要求学生撰写一篇关于音乐美学的论文，考查学生对课程内容的理解和掌握情况。

（3）期末考试：采用闭卷形式，考查学生对音乐美学基本原理的掌握情况。

通过本课程的学习，学生不仅能够掌握音乐美学的学科基础知识和基本原理，还能够将理论与实践相结合，提升自己的审美判断能力和理论思辨能力。同时，通过欣赏和分析音乐作品，学生能够更加深入地理解音乐的内涵和价值，从而丰富自己的审美体验。这门课程不仅为学生提供了丰富的理论知识，还为他们未来的艺术学习和创作奠定了坚实的基础。

（二）世界民族音乐鉴赏课程设置

1. 课程目标

引导学生欣赏和分析世界各地的民族音乐，培养学生的音乐感受力和批判性思维，帮助学生形成独立的音乐审美观点和品位。

2. 课程内容与教学安排

世界民族音乐鉴赏课程内容与教学安排，具体如下。

第一讲　绪论（2学时）

介绍课程目标和内容，讨论多元音乐文化观念，引导学生思考对待各民族音乐的正确态度。

第二讲　东亚音乐鉴赏（8学时）

介绍日本、蒙古国、朝鲜等国家的音乐文化，欣赏并分析各国具有代表性的音乐作品，讨论各国音乐风格及其成因。

第三讲　东南亚、南亚、西亚和北非及撒哈拉以南非洲音乐鉴赏（共15学时）

分别介绍东南亚、南亚、西亚和北非及撒哈拉以南非洲的音乐文化，欣赏并分析各地区具有代表性的音乐作品，探讨各地区的音乐风格及其成因。

第四讲　欧洲与美洲音乐鉴赏（7学时）

介绍欧洲与美洲的音乐文化及历史背景，欣赏并分析欧洲与美洲具有代表性的音乐作品，讨论欧洲民间音乐与专业音乐的关系，以及欧洲音乐对美洲音乐的影响。

3. 教学方法

采用多媒体教学手段，展示各种音乐视频和音频资料。组织学生进行小组讨论，分享彼此的音乐感受和理解。鼓励学生进行音乐表演，如演唱、演奏等，以加深学生对音乐作品的理解。

4. 课程评价方式

课程评价采用以下两种方式：

（1）平时成绩：根据学生的课堂参与情况、小组讨论表现和音乐表演情况等进行评价。

（2）期末考试：采用笔试形式，考查学生对世界各地民族音乐文化、风格和成因的掌握情况。

通过本课程的学习，学生能够更深入地了解世界各地民族音乐文化，培养出敏锐的音乐感受力和独立的批判性思维。同时，学生还能学会如何有深度地欣赏和评价音乐作品，从而形成自己独特的音乐审美观点和品位。

第二节　教学目标

教学目标作为教学活动的核心导向，不仅指引着教师的教学行为，也深深影响着学生的学习动力。在高校审美教育课程体系的构建过程中，教学目标的设定必须紧跟时代的需求与发展步伐，注重培养学生的创新思维、批判性思维和解决问题的能力，同时，强调对学生的终身学习能力和自主学习能力的培养，并将社会责任和全球意识纳入教学目标，以培养学生的社会责任感和全球视野。

一、教学目标的构建

具体而言，教学目标可从以下三个方面进行构建。

（一）知识与技能的奠定

明确列出学生需掌握的美学核心概念与艺术鉴赏技巧，这些是审美教育的基石。阐释这些知识与技能在日常生活中的应用价值，可以使学生明白学习的实用性和关联性，从而提升他们的学习兴趣和动力。在此基础上，注重培养学生的创新思维，鼓励他们运用所学知识进行创造性思考和实践。

（二）过程与方法的优化

设计具体的教学活动，如小组讨论、案例分析等，可以培养学生的独立思考、批判性分析以及创造性表达能力。这些活动可以促进学生主动学习和深度参与，使他们在实践中锻炼自己的思维能力和解决问题的能力。强调对学生的终身学习能力和自主学习能力的培养，教会他们如何学习，如何自我提升，以适应不断变化的社会环境。

（三）情感态度价值观的塑造

强调审美教育在培养学生全球视野、文化包容性以及社会责任感方面的重要性。引导学生形成积极向上的价值观，并增强其社会责任感和全球公民意识，使他们成为有担当、有远见的人。将社会责任和全球意识纳入教学目标，使学生在学习过程中不断加深对社会责任和全球问题的理解，从而培养他们的社会责任感和全球视野。

二、教学目标的创新探索

在构建基础教学目标的同时，高校还应致力在教学目标的创新方面进行深入探索，以期进一步培养学生的前瞻性思维与创新能力。创新探索主要体现在以下几个方面。

（一）理论深化与导向创新

要深入剖析审美情趣、审美能力、创造力与人格完善之间的深层次关系，揭示它们在促进学生全面发展中的核心作用。这些理论分析，可以为教学目标的设定提供新的视角和思路，如设定旨在培养学生创新思维、批判性思维及解决问题能力的具体目标。要确保教学目标符合时代的需求和学生的发展规律，引导学生面向未来，具备前瞻性思维。

（二）跨学科融合与全球视野

要强调跨学科融合在审美教育中的重要性，并倡导将全球视野纳入教学目标。要设定跨学科的学习目标，促进学生对多元文化价值的理解与尊重，为他们的创新思维培养奠定基础。要引导学生关注全球问题，培养他们的全球意识和国际视野，使教学目标不局限于本地或单一学科领域。

（三）具体目标的细化与创新应用

在知识与技能方面，除了关注基础概念的掌握情况外，高校还应设定旨在培养学生创新应用能力的目标。在过程与方法方面，高校可以引入先进的教学模式，如项目式学习、翻转课堂等，以提升学生的独立思考、批判性分析与创造性解决问题能力为目标。在情感态度价值观方面，高校要重塑审美教育的目标，强调培养学生的全球公民意识、文化多样性认同感及可持续发展责任感的重要性。

（四）目标实现路径的创新与借鉴

分析国内外高校在教学目标实现路径上的创新做法，如课程设计、教学法革新以及评价体系的完善等，可以为其他高校提供可借鉴的经验和模式。推动教学目标实现路径的创新性发展，可以确保教学目标更加符合学生的实际需求和发展规律，同时促进教育教学的持续改进。

第三节　教学资源

一、教材选用与开发

（一）经典教材与新兴教材分析

选取国内外公认的审美教育经典教材，分析其理论体系、教学方法及案例选择的独到之处，指出其对于构建学生审美基础的重要性。选取近年来出版的、融入最新研究成果和教学理念的教材，探讨其如何适应新时代审美教育的需求，特别是在跨文化交流、数字媒体艺术等方面的创新。选用时要根据高校层次、专业特色及学生背景，提出针对性的教材选用策略，鼓励教师结合课程大纲和教学目标灵活选择。

（二）自编教材的原则、方法和流程

强调原创性、实用性、时代性和地域性的原则，确保教材内容既符合学术标准又贴近学生实际。采用团队合作、专家咨询、学生参与等多维度编写方法，确保教材的全面性和前沿性。一套完整的自编教材开发流程包括需求分析、大纲制定、内容编写、审稿修订、出版推广。

二、数字资源与平台建设

（一）现代信息技术

1.虚拟现实与增强现实技术

虚拟现实与增强现实技术的融合，为审美教育提供了全新的沉浸式体验方式。通过虚拟现实技术，学生仿佛身临其境地游览世界各地的博物馆、艺术展览馆，感受不同文化背景下的艺术魅力。这种虚拟的审美体验不仅打破了时间和空间的限制，还极大地激发了学生的学习兴趣和探索欲望。例如，一些高校已经成功地将虚拟现实技术应用于艺术史课程中，使学生在家中就能"亲临"卢浮宫、大英博物馆等世界著名艺术殿堂，近距离观赏艺术珍品。同时，增强现实技术也可以在实体展览中发挥作用，通过增强现实效果，为观众提供更加丰富的视觉和交互体验。

2.大数据与人工智能

大数据技术可以收集和分析学生的学习行为、兴趣偏好等数据，从而为每个学生提供个性化的学习推荐和路径规划。这种定制化的学习方式有助于提高学生的学习效率和满意度。大数据技术还可以用于教学效果的评估，通过对学生作业情况、考试成绩等数据的分析，教师可以更加准确地了解学生的学习情况和问题所在，进而调整教学策略和方法。

基于人工智能的智能辅导系统可以根据学生的学习进度和能力水平，为其提供有针对性的辅导和练习。这种智能化的教学方式不仅可以减轻教师的负担，还能确保每个学生都能得到适合自己的学习资源和支持。另外，人工智能还可以用于创意生成工具的开发，帮助学生拓展思维、激发灵感。例如，一些人工智能绘画工具可以根据用户的输入和偏好，自动生成多种风格的画作，为学生的艺术创作提供新的思路和可能。

（二）数字资源平台

1. 艺术升

艺术升是一个国内知名的艺术教育综合服务平台，它汇集了众多艺术院校、画廊、艺术机构的资源，提供了丰富的艺术作品展示、艺术家介绍以及艺术教育课程。平台上的艺术作品涵盖了绘画、雕塑、摄影等多种艺术形式，用户可以通过搜索和筛选功能，轻松找到自己感兴趣的内容。此外，艺术升还定期举办线上艺术展览、艺术讲座等活动，增强了用户的参与感和互动体验。对于艺术爱好者和学生来说，艺术升不仅是一个学习和欣赏艺术的平台，还是一个了解艺术行业动态、提升审美素养的重要渠道。

2. 网易云课堂

网易云课堂是国内领先的在线教育平台之一，与多家知名艺术院校和设计机构合作，提供了包括平面设计、UI 设计、摄影、动画制作等在内的多样化艺术与设计课程。这些课程由经验丰富的教授和行业专家亲自讲授，内容既权威又实用。网易云课堂的课程设计注重实践性和互动性，学生可以通过在线讨论、作业提交、作品展示等方式与教师和同学进行深入的交流。网易云课堂还提供了学习进度追踪、课程证书颁发等功能，激励学生持续学习并检验自己的学习成果。网易云课堂的艺术与设计课程得到了广泛认可，学生在完成课程后能够掌握宝贵的技能和知识，为未来的职业发展奠定坚实的基础。

3. artsy

artsy 是一个全球性的在线艺术平台，汇集了全球数千家画廊、博物馆和艺术机构超过 100 万件艺术作品的信息，涵盖了绘画、雕塑、摄影等多种艺术形式。artsy 提供了强大的搜索和过滤功能，用户可以根据艺术家、流派、时期、价格等进行搜索。此外，artsy 还设有艺术家专访、展览评论、艺术市场趋势分析等内容，增强了用户的参与感和互动性。artsy 不仅为艺术爱好者提供了一个学习和欣赏艺术的平台，还为艺术专业人士提供了市场洞察和合作机会。有的高校和艺术机构将 artsy 作为教学资源，帮助学生了解全球艺术动态，提升审美素养。

值得注意的是，构建和运营数字资源平台面临版权争议、技术门槛和用户体验等挑战。版权问题源于艺术作品的独特性和平台使用的法律风险，平台需与版权持有者紧密合作，确保合法授权，并严格审核用户上传内容。技术门槛则因新技术的引入而产生，如虚拟现实、增强现实、大数据、人工智能，平台需简化操作、提供清晰教程，并优化界面设计以降低学习成本。在用户体验方面，平台需解决加载慢、界面不友好、更新不及时等问题，通过优化技术、美化界面和增加用户互动来提升满意度。

三、实体资源与环境

（一）校园艺术氛围营造

1. 空间规划

高校应当合理规划校园内的艺术空间，包括设立多功能艺术长廊以展示师生作品并促进艺术交流，创建配备先进设施的创意工作室，面向全体学生开放并鼓励跨学科合作，以及规划户外雕塑区，使其与校园景观和谐统一，从而提升校园的文化品位。

2. 活动策划

高校应系统策划一系列艺术活动，包括定期邀请艺术家、学者来校举办讲座与研讨会，以拓宽师生的艺术视野；组织艺术工作坊与实践课程，提供专业的艺术指导，激发学生的创作灵感；举办多种形式的艺术展览，为师生提供一个展示才华与创意的平台；举办艺术赛事，激发学生的创作动力，发掘并培养具有潜力的艺术人才。

（二）高校艺术空间建设举例

1. 清华大学美术学院

清华大学美术学院的改造项目旨在提升空间的利用率和灵活性，以适应当下大学开放、灵活的多元化教学模式。通过更新设备和增加小型研讨间以及自由学习区域，空间改造遵循了建构主义教育理论，鼓励学生主动探索和交流。

2. 清华大学法学院图书馆

清华大学法学院图书馆以其"二元性"理念，将开放的公共空间与私密的学术空间相结合。图书馆内部空间围绕三层挑空的中庭展开，提供了丰富的阅读和学习区域，同时顶部天窗提供了充足的自然采光。

3. 北京交通大学建筑与艺术学院

北京交通大学建筑与艺术学院的本质工作室通过增加非正式空间和交流空间，以及扩大图书馆分馆、会议室等功能区域的面积，增强了空间的复合性和灵活性。设计团队通过师生调查问卷等形式统计需求，得出改造要点，如新增报告厅、学术咖啡厅、公共讨论区、展厅等功能区。

第四节　教学评价

教学评价是对教学活动进行全面客观的评价，作为教学活动的重要组成部分，是检验教学效果、指导教学改进、促进学生发展的重要手段。

在审美教育中，教学评价不仅关乎学生艺术素养的提升，更关乎学生的全面发展与个性成长。因此，建立科学合理的教学评价体系，对于提升审美教育质量具有重要的意义。

一、评价理念更新的原则

高校审美教育的教学评价先要更新理念，从传统的以分数和升学率为主导的评价模式，转变为更加注重学生全面发展的评价体系。这一转变要求教育者重新审视审美教育的目标，将其与立德树人的根本任务相结合，强调审美教育在培养学生综合素质、创新能力和批判性思维中的重要作用。这意味着教学评价更加注重对学生的创造力、审美情趣、文化素养和社会实践能力的培养。教学评价体系鼓励学生在审美体验中实现自我表达和个性发展，从而培养出具有创新精神和社会责任感的人才。评价理念的更新应遵循全面性、发展性、多样性和公平性原则，从而使高校审美教育的教学评价体系更加注重学生的全面发展、个性化成长和评价公平。同时，这些原则的实施也将促进高校审美教育的质量提升，为教育改革和发展提供有力支持。

（一）全面性原则

全面性原则要求教学评价应涵盖学生艺术学习的各个方面，包括知识掌握、技能运用、情感态度增强、思维创新等多个维度。在审美教育中，这意味着教学评价不仅要关注学生的艺术表现能力，还要关注学生的艺术感知力、鉴赏力、创造力以及艺术活动中的合作与交流能力。全面性评价可以更准确地把握学生的艺术学习状况，为教学提供有针对性的反馈。

全面性原则的重要性在于，有助于避免教学评价的片面性和局限性，确保评价结果的客观性和准确性。同时，全面性评价能够促进学生全面发展，提高学生的综合素质。

（二）发展性原则

发展性原则强调教学评价应关注学生的成长过程，注重教学评价的发展性和激励性。在审美教育中，这意味着教学评价不仅要关注学生的当前表现，还要关注学生的进步幅度和发展潜力。发展性评价可以激发学生的学习兴趣和积极性，促进学生的持续发展。

发展性原则的重要性在于，有助于打破传统教学评价中的"一刀切"，关注学生的个体差异和个性化需求。同时，发展性评价能够增强学生的自信心和自尊心，提高学生的自我认知和自我调节能力。

（三）多样性原则

多样性原则要求教学评价应采用多种评价方法和手段，以适应不同学生的特点和需求。在审美教育中，这意味着教学评价不仅要采用传统的考试和测验方式，还要采用作业评价、课堂参与评价、小组讨论评价等多种评价方式。多样性评价可以多方面了解学生的艺术学习情况，为教学提供多角度的反馈。

多样性原则的重要性在于，有助于避免评价方法的单一化和机械化，提高教学评价的灵活性和适应性。同时，多样性评价能够激发学生的学习兴趣和创造力，促进学生的个性化发展。

（四）公平性原则

公平性原则强调教学评价应公正、客观、无偏见，确保每个学生都能得到公正的评价。在审美教育中，这意味着教学评价应遵循统一的标准和程序，避免主观偏见和误差。公平性评价可以保障学生的权益和尊严，促进学生的健康发展。

公平性原则的重要性在于，有助于建立公正、透明、可信的评价体系，提高教学评价的权威性和有效性。同时，公平性评价能够增强学生的信任感和归属感，提高学生的学习积极性和参与度。

二、评价内容的丰富

在审美教育领域，评价内容的丰富意味着评价内容应从单一的知识和技能掌握，拓展到学生的创造力、审美情趣、文化素养和社会实践能力等多个维度。评价内容的丰富要求教育者设计多样化的评价工具和方法，如自我评价、同伴评价、项目评价、实践评价等，以全面反映学生的学习成果和个性发展情况，促进学生在不同领域的均衡发展。评价内容涵盖学生的艺术知识掌握、审美情感体验、文化理解、思维创新和社会实践等多个维度。

（一）艺术知识掌握

评价内容的丰富要求教育者关注学生的艺术知识掌握情况。这不仅包括学生对艺术理论和技能的了解，还涉及学生对艺术历史和文化背景的认识。通过评估学生对艺术知识的理解和应用，教育者可以了解学生的艺术修养水平，以及学生将理论知识转化为实践能力的程度。

（二）审美情感体验

审美情感体验是审美教育评价内容的重要组成部分。教育者应通过多样化的评价工具，如情感日记、反思报告和个人陈述，捕捉学生在审美过程中的情感变化和内心体验。这种评价方式有助于揭示学生对艺术作品的情感反应，以及他们如何通过艺术表达个人情感。

（三）文化理解

文化理解是审美教育的核心目标之一。评价内容应涵盖学生对不同文化背景下艺术作品的理解和欣赏能力。教育者可以设计跨文化项目，让学生在实践中探索和比较不同文化的美学特征，从而评估他们的文化敏感性和包容性。

（四）思维创新

思维创新是现代社会对人才的迫切需求。在审美教育中，评价内容应包括学生的创新能力和创造性表达能力。教育者可以通过创新项目、设计挑战和创意工作坊等活动，评估学生的创新思维和解决问题的能力。

（五）社会实践

社会实践是连接校园环境和现实世界的重要桥梁。评价内容应关注学生如何将审美知识和技能应用于社会实践，解决实际问题。教育者可以引导学生参与社区艺术项目、公共艺术创作和社会服务活动，以评估他们的实践能力和社会责任感。

通过丰富的评价内容，教育者可以更准确地把握学生的艺术学习状况，为教学提供有针对性的反馈，促进学生在不同领域均衡发展，培养具有创新精神、批判性思维和社会责任感的现代人才。

三、评价过程的全程化

教学评价不应仅仅关注结果，还应关注学生的学习过程。全程化的评价过程要求教育者从学生入学开始，就建立系统的跟踪评价机制，记录学生在审美教育中的学习进展、参与度、创新实践和反思改进。通过建立学习档案、实施定期的反馈和指导，教育者可以更好地理解学生的学习需求，及时调整教学策略，促进学生的深度学习，支持学生的持续发展。在高校审美教育中，评价过程的全程化是确保教育质量的关键策略。这一策略强调评价不是一次性的事件，而是一个持续的过程，贯穿学生从入学到毕业的整个学习生涯。全程化的评价过程的实施，有助于教育者全面了解学生的学习轨迹，为教育者提供及时的反馈，促进学生的深度学习和持续发展。

（一）系统的跟踪评价机制的建立

全程化的评价过程要求教育者从学生入学之初就着手建立系统的跟

踪评价机制。这种机制能够记录学生在审美教育中的学习进展、参与度、创新实践和反思改进。通过这种方式，教育者可以收集学生学习过程的详细信息，包括他们的学习习惯、兴趣变化、创作进展和个人反思，从而为学生提供更加个性化的指导和支持。

（二）学习档案的创建与应用

学习档案是全程化的评价过程中的重要工具，记录了学生在艺术学习和实践中的每一步成长。这些学习档案不仅包括学生的作业、实践项目和考试成绩，还应涵盖他们的自我评价、同伴评价和教师反馈。学习档案使学生能够清晰地看到自己的进步，也为教育者提供了宝贵的信息，以调整教学方法和内容，满足学生的学习需求。

（三）定期反馈与指导的实施

全程化的评价过程还要求教育者定期反馈和指导。通过定期的"一对一"会议、小组讨论和书面反馈，教育者可以及时了解学生的学习状况，为其提供有针对性的建议和鼓励。这种及时的反馈有助于学生认识到自己的优势和不足，激励他们在艺术探索中不断前进。

（四）教学策略的及时调整

基于全程化的评价过程收集的数据，教育者可以及时调整教学策略，以更好地满足学生的学习需求。这种调整可能涉及教学内容的更新、教学方法的创新或学习资源的补充。通过这种灵活的方式，教育者能够确保教学活动与学生的学习进度和兴趣相匹配，从而提高教学效果。

（五）学生深度学习的促进

全程化的评价过程的最终目标是促进学生的深度学习。这种学习不仅仅是对知识的掌握，更是对知识的深入理解和创新应用。在全程化的评价过程中，学生被鼓励进行批判性思考、创造性表达和反思性学习。这种深度学习有助于学生在审美教育中形成自己的见解，发展独特的艺术风格。

（六）学生持续发展的支持

全程化的评价过程还支持学生的持续发展，鼓励学生在整个学习过程中设定个人目标，反思自己的学习经历，并规划未来的学习路径。通过这种方式，学生能够将审美教育中学到的知识和技能应用到未来的学术和职业生涯中，实现个人持续成长。

四、评价方法的科学化

在高校审美教育的实践中，评价方法的科学化是确保评价结果准确和可靠的核心要求。要提高教学评价的科学性、专业性、客观性。在审美教育的教学评价中，这意味着评价方法应基于科学的教育理论和实证研究。教育者应采用定量和定性相结合的方法，如数据分析、观察记录、访谈调查等，以确保评价结果的准确和可靠。同时，教育者还应充分利用信息技术，如在线评价平台、学习管理系统等，提高评价的效率和质量。

（一）基于理论的科学评价设计

科学的评价方法要求教育者在设计教学评价时，必须基于科学的教育理论。这意味着教学评价应遵循教育目标分类学、多元智能理论等，确保评价框架能够全面覆盖学生的审美能力、创造力和批判性思维。根据这些理论指导，教育者可以设计出能够准确衡量学生在审美教育中表现的评价工具。

（二）定量与定性相结合的评价实施

在实施教学评价时，教育者应结合定量和定性方法，如数据分析、观察记录、访谈调查等，以获得全面的评估结果。定量数据可以提供学生学习成效的客观证据，而定性数据则能够揭示学生的审美体验和创造过程。例如，通过分析学生艺术作品的创作过程和最终成果，教育者可以更深入地了解学生的创新能力和审美发展。

（三）信息技术在评价中的应用

充分利用信息技术是提高评价效率和质量的重要手段。在线评价平台和学习管理系统等工具可以帮助教育者收集、分析和存储评价数据，提高教学评价的系统性和连续性。此外，这些技术还可以为学生提供即时反馈，促进他们的自我评估和自我改进。

（四）评价工具的多样化和创新

为了适应不同学生的需求和特点，教育者应开发和使用多样化的评价工具，包括电子作品集、虚拟展示和互动反馈系统等创新工具。这些工具不仅能够激发学生的学习兴趣，还能为他们提供展示自己审美理解的多样化平台。以下介绍几种使用较为广泛的工具。

1. 量表

量表是一种常用的评价工具，它通过将评价对象按照一定的标准或尺度进行量化评分，从而得出评价结果。在审美教育中，教师可以使用量表对学生的艺术表现能力、鉴赏力、创造力等进行评价。量表的设计应遵循科学性、客观性、可操作性等原则，确保评价结果的准确和可靠。

在使用量表进行教学评价时，教师应先对量表进行熟悉和了解，明确每个评价项目的标准和要求；根据学生的实际表现进行逐一评分，并给出具体的评价意见和建议；对评价结果进行统计和分析，得出学生的整体表现情况和问题所在。教师可以采取以下措施：一是使用经过科学验证和广泛应用的量表；二是在评价过程中尽量保持客观公正，避免主观偏见和误差；三是对评价结果进行多次复核和校对，确保评价结果的准确和一致。

2. 问卷

问卷是一种常用的调查工具，通过向被评价者发放问卷并收集数据，了解被评价者的意见和看法。在审美教育中，教师可以使用问卷对学生的艺术学习兴趣、需求、满意度等方面进行调查。问卷的设计应遵循简洁明了、易于理解、无歧义等原则，确保调查结果的准确和可靠。

在使用问卷进行调查时，教师应先对问卷进行设计和编制，明确调查目的和问题设置；向学生发放问卷并收集数据；对调查结果进行统计和分析，得出学生的整体意见和看法。为了确保问卷的客观性和准确性，教师可以采取以下措施：一是使用经过科学验证和广泛应用的问卷；二是在调查过程中尽量保持客观公正，避免引导性和暗示性问题；三是对调查结果进行多次复核和校对，确保调查结果的准确和一致。

3. 电子档案袋

电子档案袋是一种新兴的评价工具，用电子化的方式记录学生的艺术学习过程和成果，能为学生的艺术学习提供全面的评价和反馈。教师可以使用电子档案袋对学生的艺术作品、学习记录、评价反馈等进行记录和展示。电子档案袋的设计应遵循易于操作、安全可靠、便于分享等原则，确保评价结果的准确和实用。

在使用电子档案袋进行教学评价时，首先，教师应熟悉和了解电子档案袋，明确其使用方法和功能；其次，根据学生的实际学习情况和需求，为学生建立个人电子档案袋，并记录学生的艺术作品、学习记录、评价反馈等信息；最后，对学生的电子档案袋进行定期检查和更新，确保评价结果的及时和准确。教师可以采取以下措施：一是使用安全可靠、易于操作的电子档案袋平台；二是在记录过程中尽量保持客观公正；三是对电子档案袋进行定期备份和恢复，确保评价结果的安全和实用。同时，教师还可以鼓励学生积极参与电子档案袋的建设和管理，提高学生的自我评价和自我管理能力。

（五）评价结果的准确性和可靠性保证

科学化的评价方法还要求教育者确保评价结果的准确和可靠。这包括建立标准化的评价程序、使用经过验证的评价工具和确保评价过程的透明度。通过这些措施，教育者可以提高教学评价的信度和效度，确保评价结果真实反映学生的学习成效。

（六）持续的评价方法改进

科学化的评价方法要求教育者持续改进评价方法。通过参与教育研究、专业发展和同行评审，教育者可以不断更新自己的评价知识和技能，提高评价的专业水平。这种持续的改进有助于教育者适应教学评价发展的新趋势。以下介绍几种常用的评价工具。

1. 作业评价标准

作业评价是审美教育中常用的评价方法之一。为了确保作业评价的客观和准确，可以确定详细的作业评价标准。标准应涵盖作业的内容、形式、质量等多个方面，明确每个方面的评价要求和评分标准。在教学评价过程中，教师应根据标准对学生的作业进行逐一评分，并给出具体的评价意见和建议。

作业评价的优点在于，它能够全面反映学生的艺术学习情况和问题，为教师提供有针对性的教学反馈。同时，作业评价能够激发学生的学习兴趣和积极性，促进学生的自主学习和自我提升。然而，作业评价也存在一些缺点，如评价过程烦琐、耗时较长等。因此，在使用作业评价时，教师应合理安排评价时间和频率，确保评价的效率和效果。

2. 课堂参与记录表

课堂参与是审美教育中重要的教学环节。为了评价学生的课堂参与情况，教师可以设计课堂参与记录表。记录表应包括学生的姓名、参与时间、参与内容、表现情况等多个方面。在教学评价过程中，教师应根据学生的实际表现填写记录表，并给出相应的评价分数或等级。

课堂参与记录表的优点在于，它能够直观反映学生的课堂参与情况和表现，为教师提供即时的教学反馈。同时，课堂参与记录表能够激励学生积极参与课堂活动，提高学生的课堂注意力和专注度。然而，课堂参与记录表也存在一些缺点，如评价主观性较强、易受教师个人偏见影响等。因此，在使用课堂参与记录表时，教师应尽量保持客观公正，避免主观偏见和误差。

3. 小组讨论评分细则

小组讨论是审美教育中常用的教学方法之一。为了评价学生的小组讨论情况，可以确定小组讨论评分细则。细则应包括讨论的主题、内容、质量、合作情况等多个方面，明确每个方面的评价要求和评分标准。在教学评价过程中，教师应根据学生的实际表现给予相应的评价分数或等级，并给出具体的评价意见和建议。

小组讨论评分的优点在于，它能够全面反映学生的小组讨论情况和问题，为教师提供有针对性的教学反馈。同时，小组讨论评分能够激励学生积极参与讨论，提高学生的合作能力和交流能力。然而，小组讨论评分也存在一些缺点，如评价过程难以控制等。因此，在使用小组讨论评分时，教师应合理安排评价时间和频率，确保评价的效率和效果。

为了综合运用各种评价方法，教师可以根据教学需求和实际情况，将评价方法和工具进行组合使用。例如，可以将作业评价与课堂参与记录表相结合，全面评价学生的艺术学习情况和课堂表现；可以将小组讨论评分与作业评价相结合，全面评价学生的合作能力和艺术表现能力。通过综合运用各种评价方法，教师可以更准确地把握学生的艺术学习状况，为教学提供全面、客观的反馈。

五、评价主体的多元化

在高校审美教育中，评价主体的多元化是提高评价全面性和公正性的关键策略。教学评价的主体不应限于教师，还应包括学生、家长、同行和社会各界。单一的评价视角往往难以全面捕捉学生学习与发展的多维面貌，而多元化的评价主体可以为教学评价提供多维视角和信息，增强教学评价的全面性和公正性。教育者应鼓励学生进行自我评价和同伴评价，培养他们的自我反思能力和批判性思维。高校审美教育应倡导形成包容的评价环境，建立开放的评价机制，邀请家长、行业专家和社会公众参与评价过程，形成教育合力。

（一）学生自我评价的推广

自我评价是培养学生自我反思能力和批判性思维的重要途径。在审美教育中，学生通过自我评价能够更加深入地理解自己的学习过程、优势和不足。例如，学生可以在完成艺术项目后撰写反思报告，对自己的创作过程和最终作品进行深入分析。这种自我评价的过程有助于学生形成独立的艺术判断力和审美观。

（二）同伴评价的实施

同伴评价能够促进学生之间的相互学习和批判性讨论。在这一过程中，学生不仅能够从他人的作品中获得灵感，还能够通过提供和接受反馈来提升自己的艺术创作能力。例如，高校可以定期组织相关讨论会议，让学生在专业的环境中分享和讨论彼此的作品，从而培养他们的沟通能力和批判性思维。

（三）家长参与的深入

家长参与对于学生的情感支持和价值观形成至关重要。在审美教育中，家长参与可以通过家校联系、开放日活动和家庭艺术项目来实现。

这不仅能够让家长更深入地了解学校的审美教育内容，还能够促使家长支持孩子的艺术学习和个人发展。

（四）同行专家的引入

同行专家的评价可以为学生提供专业的反馈和行业洞察。高校可以邀请艺术家、策展人和批评家等专业人士参与学生作品的评价和讨论。这种行业视角的评价有助于学生了解艺术领域的最新趋势，为他们的未来职业发展提供指导。

（五）社会公众的参与

社会公众的参与能够增强审美教育的社会影响力和文化相关性。高校可以通过公开展览、社区项目和在线平台等方式，让社会公众参与到学生作品的评价中。这种参与不仅能够提升学生作品的社会认可度，还能够帮助学生理解艺术作品在社会文化中的作用。

（六）开放评价机制的建立

为了实现评价主体的多元化，高校需要建立一个开放的评价机制。这一机制应鼓励和容纳具有不同背景和专业知识的参与者，确保评价过程的透明度和包容性。通过这种方式，高校审美教育教学评价会更加全面和公正，更好地服务于学生的全面发展和社会需求。

六、评价结果的合理运用

评价结果的运用是教学评价的重要环节。要完善评价结果的运用，就要综合发挥其导向、鉴定、诊断、调控和改进作用。在审美教育中，评价结果应作为教学改进的重要依据，指导教育者调整教学内容、方法和进度，满足学生的学习需求。同时，评价结果还应作为学生学习发展的参考，帮助他们认识自己的优势和不足，制订个人的学习计划和职业规划。高校审美教育要完善评价结果的运用，这意味着评价结果需要转化为实际的教学行动和学生的学习策略。

（一）教学改进的依据

评价结果应作为教学改进的重要依据。通过分析学生在审美教育中的表现，教育者可以识别教学中的优势和不足，进而调整教学内容、方法和进度。例如，如果评价结果显示学生在艺术创作方面存在困难，教育者就可以引入更多实践性的项目，以增强学生的创作能力。

（二）学生发展的指导

评价结果也应作为学生学习发展的参考。通过了解自己在审美教育中的表现，学生可以认识到自己的优势和不足，从而制订个性化的学习计划和职业规划。例如，对于在艺术史方面表现出色的学生，教育者可以推荐他们参与更深入的研究项目或为其提供实习机会。

（三）导向作用的发挥

评价结果应发挥导向作用，引导学生朝着既定的学习目标前进。教育者可以通过评价结果向学生展示期望的学习成果，帮助学生明确学习方向。这要求评价标准与教学目标紧密对应，确保学生知道如何评价自己的进步。

（四）鉴定功能的实现

评价结果的鉴定功能可以帮助确认学生是否达到了预订的学习标准。在审美教育中，这可能涉及对学生的艺术作品、表演或项目进行等级评定，以确认他们是否掌握了必要的知识和技能。

（五）诊断分析的实施

评价结果应用于诊断学生的学习过程，识别学习障碍和困难。通过这种方式，教育者可以及时提供额外的支持和资源，帮助学生面对学习中的挑战。

（六）调控机制的建立

基于评价结果，可以建立调控机制，确保教学活动与学生的学习需求保持一致。教育者可以根据评价结果调整教学策略，以适应学生的学习节奏和风格。

（七）改进动力的激发

评价结果应激发教育者和学生的改进动力。通过展示学生的进步和成就，评价结果可以增强学生的自信心和学习动机，同时鼓励教育者不断创新教学方法。

七、评价环境的优化

教学评价的实施需要一个良好的教育环境，需要营造良好的教育生态。一个良好的评价环境不仅能够激发学生的学习动力，还能促进其审美能力和创新思维的发展。这意味着教育者应创造一个开放、包容和鼓励创新的教育氛围，鼓励学生自由表达、大胆尝试和积极创新。教育者还应建立公正透明的评价制度，确保评价过程的公平和评价结果的可靠。

（一）开放性教育氛围的营造

评价环境的优化要求教育者创造一个开放的教育氛围，这种氛围鼓励学生自由表达和探索。在这种环境中，学生不必担心因尝试新颖想法而受到批评或惩罚，他们的创新会得到支持和鼓励。这种开放性是培养学生审美自信的基础。

（二）包容性文化的培育

包容性文化是优化评价环境的重要组成部分。这意味着教育者应尊重和欣赏学生多样化的背景、经验和观点。包容不同的声音和视角使学生能够在多元文化的环境中欣赏和理解不同的艺术形式和审美观念。

（三）创新激励机制的建立

为了增进学生的创新思维和创造力，高校应建立创新激励机制，包括举办创新竞赛和展览以及为创新成果获得者提供奖励。这样的机制能够激发学生的创造热情，鼓励他们在审美探索中不断突破。

（四）评价制度的公正透明

公正透明的评价制度是优化评价环境的核心。高校应确保所有评价标准和过程对学生和教师都是公开的，并且评价结果是基于客观证据和公正判断的。这种透明度有助于学生对评价制度建立信任，确保他们相信自己的努力会得到公正的回报。

（五）公平性原则的坚持

在评价环境中，坚持公平性原则至关重要。这意味着学生应有平等的机会参与评价，并且评价结果不应受到其他因素的影响。只有坚持公平性原则，高校才能够为每个学生提供展示才华的舞台。

八、评价体系的持续改进

教学评价是一个动态的、持续的过程。随着教育改革的不断深入和社会需求的日益变化，高校审美教育的评价体系必须具备灵活性和前瞻性，以适应这些变化，要持续推进教学评价关键领域的改革，取得实质性突破。教育者应根据教育改革的发展和社会需求的变化，不断审视和改进评价体系。通过定期的评价反馈、同行评议和自我评估，教育者可以及时发现评价体系中的问题和不足，采取有效措施改进，确保评价体系的科学性、适应性和前瞻性。

（一）动态性评价体系

教学评价不是一次性任务，而是一个持续的、动态的过程。这意味着教育者需要不断收集反馈、分析数据，并根据这些信息调整评价标准和方法。这种动态性要求评价体系能够灵活适应新的教育理念、教学方法和学生的学习需求。

（二）定期反馈机制

为了确保评价体系的持续改进，高校应实施定期反馈机制，包括从学生、同行和社会各界收集反馈，以及通过学生学习成果的展示和讨论来获取反馈。定期反馈机制可以帮助教育者及时发现问题，调整教学策略，并提升教学质量。

（三）问题识别与应对

持续改进的评价体系要求教育者及时发现评价过程中的问题和不足，并采取有效措施进行改进。这可能涉及评价工具的更新、评价方法的创新或评价标准的修订。通过主动识别问题和采取措施，评价体系可以保持科学性和适应性。

总之，高校审美教育的教学评价在新时代教育改革的指引下，正朝着更加科学、全面和开放的方向发展。通过更新评价理念、丰富评价内容、全程化评价过程、科学化评价方法、多元化评价主体、合理运用评价结果、优化评价环境和持续改进评价体系，高校审美教育的教学评价可以更好地服务于学生的全面发展，为培养具有创新精神、批判性思维和社会责任感的现代人才提供坚实的支撑。

第七章　高校审美教育的实践

第一节　高校审美教育依托现有课程的课程体系构建与实施案例

浙江音乐学院音乐学系（以下简称"音乐学系"）积极响应国家对审美教育工作的要求，以立德树人为根本任务，依托现有课程构建多样且高质的审美教育课程体系，旨在培养学生的审美素养，使学生陶冶情操、温润心灵，激发学生创新活力，以实现德智体美劳全面发展的教育目标。

一、课程体系构建原则

（一）指导思想明确

音乐学系的审美教育课程体系以习近平新时代中国特色社会主义思想为指导，全面贯彻党的教育方针，坚持社会主义办学方向，以立德树人为根本任务，以社会主义核心价值观为引领。

（二）面向全体学生

音乐学系确保学生都有机会接受审美教育，通过提供丰富多样的课程内容，满足不同学生的需求，确保每个学生都能在审美教育中找到自己的位置。

（三）延续创新并重

在课程体系构建中，音乐学系依托现有课程进行改革创新，不断探索新的教学方法和手段，以提高教学质量和效果。

二、课程体系内容

（一）音乐理论课程

音乐学系开设了一系列音乐理论课程，如音乐学概论、中国音乐史等。这些课程不仅传授音乐知识，还将社会主义核心价值观融入教学内容，强化学生对中华优秀传统文化、革命文化和社会主义先进文化的认识和理解。

以音乐理论课程中国音乐史为例，中国音乐史课程是中国音乐教育的重要组成部分，不仅涉及中国音乐的历史发展脉络，还涵盖了丰富的音乐文化和艺术成就。通过学习中国音乐史，学生能够深入理解中国音乐的演变过程，感受不同历史时期的音乐风格，从而加深对中华优秀传统文化的认识，增强自豪感。在实现审美教育功能方面，中国音乐史课程通过以下几个方面进行。

（1）文化传承：课程强调中国音乐在不同朝代的演变，让学生了解和欣赏古代音乐作品，增强对中华优秀传统文化的认同感。

（2）价值观塑造：分析中国音乐在不同历史时期的作用和意义，培养学生形成正确的价值观。

（3）审美体验：课程中的音乐欣赏和分析，使学生在感受音乐美的同时，提升个人的审美鉴赏能力和艺术修养水平。

（二）音乐技能课程

音乐技能课程包括乐器演奏、声乐演唱等，旨在培养学生的音乐实践能力。通过这些课程，学生能够在实践中体验音乐的魅力，提升自己的艺术修养。

以音乐技能课程声乐演唱为例，声乐演唱课程旨在培养学生的声乐技能和表演能力。通过系统的声乐训练，学生能够掌握正确的发声技巧，提高音乐表达和表演的能力。声乐演唱课程实现审美教育功能主要体现在以下几个方面。

（1）技能提升：通过实践训练，提升学生的声乐技能，使学生能够在演唱中体验音乐美。

（2）情感表达：鼓励学生通过歌声表达情感，理解音乐与情感之间的联系，增强情感体验。

（3）艺术实践：通过参与音乐会和演出活动，学生能够在实践中提升自己的艺术修养，同时向观众传达音乐美。

（三）音乐欣赏课程

音乐欣赏的方法与途径等课程，通过分析不同时期、不同国家的音乐作品，引导学生理解和欣赏音乐的多样性，培养学生跨文化的审美能力。

以音乐欣赏课程音乐欣赏的方法与途径为例，音乐欣赏的方法与途径课程旨在教授学生欣赏和理解不同风格和时期音乐作品的方法。课程内容包括音乐的基本要素、不同音乐流派的特点以及如何分析和评价音乐作品。音乐欣赏的方法与途径课程实现审美教育功能体现在以下几个方面。

（1）审美理解：通过学习音乐的基本要素和分析方法，学生能够更深入地理解和欣赏音乐作品。

（2）文化包容：通过学习课程中介绍的不同国家和文化背景下的音乐作品，学生可以形成跨文化审美能力和全球视野。

（3）创新思维：对不同音乐作品进行比较分析，能够激发学生的创新思维，鼓励他们发表对音乐独到的见解。

（四）音乐创作课程

音乐创作基础等课程鼓励学生发挥创造力，创作出反映时代精神的音乐作品，这些作品往往融入了社会主义核心价值观，体现了学生的创新精神和审美追求。

以音乐创作课程音乐创作基础为例，音乐创作基础课程鼓励学生发挥创造力，创作出具有个人风格和时代精神的音乐作品。课程内容包括音乐创作的基本技巧、和声学、曲式学等。音乐创作基础课程体现审美教育功能体现在以下几个方面。

（1）创造力培养：创作实践可以激发学生的创新意识和创造力，培养学生将创意转化为音乐作品的能力。

（2）个性表达：鼓励学生在作品中表达自己的情感和观点，通过音乐创作展现个人的审美追求。

（3）社会责任：引导学生在创作中体现社会主义核心价值观，用音乐作品传递正能量，培养学生的社会责任感。

三、课程实施路径

（一）融合教学

音乐学系将审美教育课程与其他学科融合，形成跨学科的教学模式，使学生在不同学科的学习中都能体验到审美教育的魅力。在中国音乐史课程中，教师可以通过融合教学的方式，将音乐史与文化、历史、哲学等其他学科知识相结合。例如，在讲述宋元时期的音乐时，教师可以联系当时的社会背景、哲学思想和文化艺术，让学生从多学科的角度理解和感受音乐史的发展。这种跨学科的教学模式不仅促进了学生对音乐史的理解，也提升了他们的审美能力和文化素养。

（二）实践教学

组织学生参加音乐会、艺术节等活动，将理论知识应用于实践，可以增强学生的实践能力和审美体验。例如，在中国传统音乐课程中，实践教学可以通过组织学生参与民间音乐的田野调查、音乐会演出、艺术节表演等活动来实现。学生可以在实践中学习如何收集和分析音乐资料，如何演奏传统乐器，以及如何准备和参与音乐表演。

（三）国际交流

鼓励学生参与国际交流项目，比较不同文化背景下的音乐教育，可以拓宽学生的国际视野，促进文化的交流与互鉴。例如，在世界民族音乐课程中，鼓励学生参与国际研讨会、音乐节、学术交流项目等。学生有机会与来自不同文化背景的音乐学者和艺术家交流，了解不同国家和地区的音乐传统和教育方法。

四、课程效果评估

（一）学生反馈

采取问卷调查、访谈等方式，可以收集学生对审美教育课程的反馈，了解课程的受欢迎程度和实际效果，为课程改进提供依据。例如，在中国音乐史课程结束后，可以采取在线问卷调查和面对面访谈的方式收集学生对课程的反馈。问卷可以包括对课程内容、教学方法、教材使用、课堂互动等方面的评价。学生可以评价课程是否加深了他们对中国音乐历史的理解，以及课程是否激发了他们对中华优秀传统文化的兴趣。访谈可以更深入地了解学生对课程的看法，以及他们认为可以改进的地方。这些反馈将为课程内容和教学方法的改进提供宝贵的第一手资料。

（二）教师评估

组织教师对课程内容和教学方法进行评估，确保教学质量，及时调整教学策略。例如，在西方音乐史课程中，教师可以采用自我评估和同行评估的评估方式。自我评估可以通过教学日志的形式进行，教师记录每节课的教学过程、学生反应和教学效果。同行评估可以通过组织教师观摩彼此课程的形式进行，观摩后教师可以进行讨论和反馈。教师可以评估课程内容是否符合教学大纲的要求，教学方法是否有效促进了学生的学习，以及是否需要增加更多的互动环节或实践机会。

（三）成果展示

定期举办学生音乐作品展演，展示学生的学习成果，也是对课程效果的直接检验。例如，在中国传统音乐课程中，学校可以定期举办学生音乐作品展演，如学期中的小型音乐会或学期末的汇报演出。这些展演可以展示学生对中国传统音乐的理解和演奏技能，直接检验课程效果。学生可以演奏他们所学的民歌、民族器乐曲目，或者表演他们自己创作的融入中国传统音乐元素的作品。这些展演让教师和学生都可以直观地看到学习成果，也为学生提供了展示自己才华的平台。

第二节　高校审美教育创新教学
方法与手段的实践案例

浙江音乐学院音乐学系在审美教育实践中，不断尝试通过教学方法与手段的创新，增强学生艺术实践能力和审美体验。引入项目式学习、翻转课堂和数字技术等现代教学策略，不仅激发了学生的学习积极性，还促进了他们对音乐深层次理解和创新思维的发展。

一、项目式学习在中国传统音乐课程中的应用

在中国传统音乐课程中，教师采用项目式学习方法，让学生深入探索中国不同地区民歌的多样性。例如，一个小组可能选择研究陕北民歌，他们不仅需要分析音乐结构和旋律特点，还要了解陕北民歌在当地社会和文化中的作用。学生通过访问当地民间艺人，收集第一手资料，学习并尝试演唱这些民歌。在学期结束时，每个小组通过多媒体展示和现场表演，向全班同学展示他们的研究成果。这种互动和实践相结合的学习方法，不仅促进了学生对音乐的深入理解，还提升了他们的表演技能和团队合作能力。这种沉浸式的学习体验，使得学生能够从审美的角度重新认识和评价中国传统音乐，从而提升了他们的审美鉴赏能力和文化自信。

项目式学习在中国传统音乐课程中的应用主要有以下方面。

第一，民间歌曲总论。

（1）民歌的历史与现状：研究中国民歌的历史发展脉络，探讨民歌在现代社会的传承与变迁。

（2）民歌的区域风格：分析不同地区民歌的风格特点，通过比较不同地域的民歌来理解地域文化对音乐的影响。

（3）民歌的传播：研究民歌的传播途径，探讨如何利用现代媒介保护和推广传统民歌。

（4）民歌的特点与价值：分析民歌的艺术特点和社会价值，提升学生对民歌文化价值的认识。

第二，号子。

（1）号子概述：研究号子在不同劳动场合的应用，探讨其在劳动人民生活中的作用。

（2）号子分类：分析不同类型号子的特点，如船渔号子、工程号子等，理解号子与劳动节奏的关系。

（3）号子的音乐特点：通过学习和演唱号子，学生体验号子的音乐结构和表现力，提升音乐感知能力。

第三，山歌。

（1）山歌概说：研究山歌的起源和发展，探讨山歌在不同民族文化中的表现。

（2）山歌分类：分析不同地区山歌的不同之处，如南方山歌与北方山歌的差异。

（3）山歌的音乐特点：通过学唱不同风格的山歌，体验山歌的音乐特色，增强音乐表现力。

第四，小调。

（1）小调概述：研究小调的历史背景，探讨小调在社会文化中的地位。

（2）小调分类：分析小调的不同类别，如绣荷包调、茉莉花调等，理解小调的音乐特征。

（3）小调的同宗现象：研究小调的流传与演变，探讨音乐主题的共享与变化。

第五，中国少数民族民歌。

（1）少数民族民歌研究：选择一个或多个少数民族，研究其民歌的特点和文化意义。

（2）民歌演唱学习：通过学习演唱少数民族民歌，学生体验不同民族的音乐风格和表现手法。

第六，民歌的研究方法。

（1）研究历史：探讨民歌研究的历史，分析不同时期的研究方法和成果。

（2）研究现状：分析当前民歌研究的现状，探讨如何利用现代技术手段进行民歌研究。

通过项目式学习，学生不仅能够深入理解和体验中国传统音乐的丰富性和多样性，还能够在实践中提升自己的审美能力和文化素养。这些活动不仅有助于学生深刻理解中国传统音乐，还有助于提升学生的文化自信和审美情趣。

二、翻转课堂在西方音乐史课程中的应用

在西方音乐史课程中，教师实施了翻转课堂的教学模式，以促进学生的主动学习和深入讨论，培养了学生的审美判断力和批判性思维。以巴洛克时期音乐的学习为例。在课前，学生通过在线学习平台预习关于巴洛克时期音乐的理论知识和历史背景。在课堂上，教师引导学生围绕关键问题进行小组讨论，如"巴赫的音乐如何体现了巴洛克时期的艺术风格""巴洛克音乐对后来音乐发展的影响是什么"。学生不仅要理解音乐结构和风格，还要学会从审美的角度欣赏和评价这一时期的音乐作品。这种教学方法鼓励学生在课堂外自主学习，在课堂上积极参与讨论，从而培养了学生的批判性思维，增强了学生的沟通能力。此外，教师还利用在线讨论板和互动问答，进一步激发学生的思考和参与。

翻转课堂应用于西方音乐史课程，具体如下。

第一章 古希腊古罗马音乐

学生在课前通过在线学习平台学习古希腊音乐的哲学基础和音乐理论，并在课堂上讨论音乐如何反映古希腊的哲学思想和审美观念。

第二章 中世纪音乐

学生预习中世纪教会音乐的发展，探讨格里高利圣咏在审美中的作用，在课堂上分析音乐结构和审美特征。

第三章 文艺复兴时期音乐

学生研究文艺复兴时期的音乐理论，如音乐与诗歌的关系，在课堂上讨论如何通过音乐表现文艺复兴时期的人文主义精神。

第四章 巴洛克时期音乐

学生预习巴洛克时期的音乐风格，如歌剧的起源和发展，在课堂上分析巴赫和亨德尔的作品，探讨艺术风格和审美价值。

第五章 古典主义时期音乐

学生研究古典时期的音乐形式，如奏鸣曲和交响曲，在课堂上讨论海顿、莫扎特和贝多芬如何通过音乐表达个人情感。

第六章　浪漫主义时期音乐

学生预习浪漫主义音乐的个性化表达，探讨如何通过音乐表现个人情感和自然景观，在课堂上分析舒伯特、肖邦和瓦格纳的作品。

第七章　20世纪音乐

学生研究20世纪音乐的多样性，如印象主义、表现主义和序列音乐，在课堂上讨论德彪西、斯特拉文斯基和勋伯格的作品，探讨创新的音乐语言和审美理念。

通过这些翻转课堂的内容，学生不仅能够深入理解西方音乐史的发展脉络，还能够在课堂上积极参与讨论，提升自己的审美判断力，培养自己的批判性思维。这种教学方法鼓励学生在课堂外自主学习，在课堂上通过小组讨论、案例分析和互动问答，增强沟通能力，同时增强他们对音乐作品的审美体验，加深文化理解，从而在高校审美教育中发挥重要作用。

三、数字技术在音乐美学课程中的应用

在音乐美学课程中，教师带领学生走出校园、走进博物馆，利用数字技术为学生提供了沉浸式审美体验。例如，通过使用虚拟现实头盔，学生可以"穿越"到贝多芬时代的维也纳，体验当时的音乐厅和剧院环境，感受那个时代的音乐氛围。此外，教师还引入了音乐制作软件，让学生在实践中探索音乐创作的过程，如通过调整和声、节奏和旋律来表达不同的情感和意境。这些技术的应用不仅使音乐美学的抽象概念变得直观和具体，还激发了学生的创造力和审美感知能力。通过这些创新的教学手段，学生能够更深刻地理解和欣赏音乐的美学价值。

数字技术应用于音乐美学课程，具体如下。

第一讲　引论

利用在线平台和数字图书馆资源，学生可以研究音乐美学的发展历程，通过虚拟展览了解不同时期的音乐美学思想。

第二讲　声音与生理反应

通过音频编辑软件，学生可以分析不同声音的频率、振幅等物理属性，以及这些属性如何影响人的生理反应和情感体验。

第三讲　音乐审美心理

使用心理实验软件，学生可以进行在线调查和数据分析，研究不同音乐风格对听众情感和心理状态的影响。

第四讲　音乐的形式

利用音乐制作软件，学生可以创作或改编音乐作品，实践音乐形式的变化，如节奏、旋律与和声的处理。

第五讲　音乐逻辑与音乐体裁

利用数字音乐库和分析工具，学生可以研究不同音乐体裁的结构和逻辑，以及它们如何影响音乐的表现力。

第六讲　音乐的内容

通过多媒体演示和互动平台，学生可以探讨音乐内容与社会、文化和个人经历的关系，分析音乐如何反映和塑造现实。

第七讲　音乐的创造与再创造

使用数字录音和制作技术，学生可以创作或重新演绎音乐作品，探索音乐创作过程中的灵感来源和创新方法。

第八讲　音乐的风格与流派

通过在线音乐数据库，学生可以比较不同音乐流派的风格特征，分析音乐流派的历史背景和社会影响。

第九讲　音乐欣赏与音乐批评

利用社交媒体和在线论坛，学生可以参与音乐作品的讨论和批评，尝试以建设性和批判性的方式表达自己的审美观点。

第十讲　音乐美学思想的演变

通过虚拟现实和增强现实技术，学生可以"穿越"到不同历史时期，体验当时的音乐环境和美学思想。

通过这些数字技术，学生不仅能够更直观地理解和掌握音乐美学的理论知识，还能够在实践中提升自己的审美感知能力和创造力。这些活动不仅有助于学生深刻理解音乐美学，还有助于学生提高文化素养，因此在高校审美教育中发挥着重要作用。

第三节　高校审美教育助力社会美育的实践案例

推动公共美育和乡村振兴是高校审美教育的任务之一，也是高校社会责任与创新精神的核心体现。通过精心设计的项目和活动，浙江音乐学院有效地利用和整合了社会资源，成功地结合了艺术教育与社会实践。以下是一些典型实践案例，这些案例体现了浙江音乐学院在社会美育方面的成绩，也彰显了其在文化传承与创新方面的努力。

一、艺术下乡：文化传承与创新

浙江音乐学院将艺术与社会需求紧密结合，实现了文化资源的有效流动和利用。这些项目不仅促进了文化艺术的传承与创新，也为乡村地区的文化振兴和经济发展注入了新的活力。

（一）"精神共富联合体"项目

浙江音乐学院发挥其在音乐学科专业和艺术人才资源方面的优势，通过文艺赋美、人才赋能、教育赋智、产业赋兴等方式，有效连接高校艺术资源与基层文化需求，利用文化资源推动共同富裕，为教育助力高质量发展建设共同富裕示范区探索了新路径。

（二）舞蹈艺术助力乡村振兴

浙江音乐学院利用其在舞蹈学科专业的优势，通过"一院一所"平台建设，创新"原生—教学—舞台"路径实践，构建院校与乡村的双向耦合机制。此外，浙江音乐学院还通过"舞动新农村"等服务项目，探索非遗舞蹈与助农直播的新模式，促进了乡村文化的保护与传承，带动了乡村旅游业的发展。

（三）"文艺轻骑兵"暑期社会实践活动

浙江音乐学院的 1000 多名学生组成约 40 支"文艺轻骑兵"队伍，前往浙江省 11 个地市以及青海、四川、江苏等省份开展艺术宣讲、文艺赋美、艺术普及、社会美育和文化调研等活动。这些活动不仅包括文艺演出，还包括对地方文化资源的捐赠和知识的传播，以此促进乡村文化的繁荣发展。

（四）与安吉县的合作

浙江音乐学院与安吉县人民政府共同主办了首届中国（安吉）美丽乡村音乐节。该活动旨在通过音乐艺术助力共同富裕，宣传展示中国美丽乡村建设发展成就，以音乐之美带动乡村文明新气象。安吉县是习近平总书记首次提出"绿水青山就是金山银山"理念的地方。通过这一活动，浙江音乐学院积极探索音乐艺术与美丽乡村建设结合的最优途径。

（五）艺术赋能乡村美育

浙江音乐学院举办了"爱加艺"艺术公益项目艺术支教夏令营。这个项目旨在通过艺术支教，提升乡村学校音乐教师的教学能力，并吸引社会各界音乐教育人士关注、参与、支持乡村学校美育发展。在夏令营中，支教学生与当地师生共同参与了音乐教育活动，如参观音乐博物馆、体验奥尔夫音乐等。

二、艺术教育普及：提升公众审美素养

浙江音乐学院致力于将艺术教育在更广泛的群体中普及，为青少年提供展示才华的舞台，也为不同年龄和背景的市民提供接触和学习艺

术的机会。浙江音乐学院通过艺术节、艺术周、文化工程和校园演出等多种形式，丰富了人们的精神文化生活，也推动了艺术教育的高质量发展。

（一）青少年艺术节

浙江音乐学院举办了"浙音"青少年艺术节，吸引了6000余名青少年学员参加。这个艺术节为青少年提供了展示才华的舞台，也是他们通往艺术道路的窗口。艺术节全面提升学生文化理解、审美感知、艺术表现、创意实践等核心素养，丰富学生的精神文化生活。

（二）弹拨乐艺术周

浙江音乐学院第三届弹拨乐艺术周聚集了多个弹拨乐器专业，通过丰富的活动形式深化民族弹拨乐专业教学改革，推动教育高质量发展。这场艺术节不仅为弹拨爱好者呈现了一场高水准的视听盛宴，更全方位展示了浙江音乐学院的教学成果和师生风采。论坛和讲座等活动聚焦于民族弹拨乐器的历史发展，探讨当代人才培养和教学体系建设。

（三）"文艺星火赋美"工程

浙江音乐学院参与的"文艺星火赋美"工程，通过在社区、街头、广场、公园等地方开展常态化艺术展演和推广活动，助力全民艺术普及，提升城市文化品位和艺术气质。这一工程让文艺气息遍布城市和乡村，让人民群众更好地享受精神文化生活。

（四）高雅艺术进校园

浙江音乐学院举办了戏曲专场演出，旨在加强美育，提升学生的艺术审美和人文素养，传承和弘扬中华优秀传统文化。演出结合传统与创新，展现了越剧的魅力，丰富了师生的校园文化生活，弘扬了中华优秀传统文化，提升了学生的文化艺术素养。

三、艺术展览与演出：社会资源结合的多种途径

浙江音乐学院将传统艺术与现代科技相结合，将校园文化与城市生活相融合，为公众提供了丰富多彩的艺术体验。这些活动不仅展现了浙江音乐学院的教学成果和师生的艺术风采，也展现了高校审美教育与社会资源结合的多种形式。

（一）国乐音乐会

浙江音乐学院民族乐队学院的大型民族乐团在国家大剧院上演了"大乐永和"国乐音乐会。这场音乐会展示了具有中华文化底蕴和浙江地域特色的民族乐作品，同时展现了浙江音乐学院的发展改革成果及当代青年对民族音乐传承与发展的思考。

（二）数字音乐展厅

浙江省杭州市西湖区长埭村文化礼堂设立了浙江音乐学院数字音乐展厅，展示了浙江音乐学院参与第三届全球数字贸易博览会的数字音乐展品。这些展品包括师生原创作品，观众可以通过传感器实时控制声音和视觉效果，体验数字音画的互动。

（三）之江国际青年艺术周

浙江音乐学院举办了第四届之江国际青年艺术周，其中包括40余场艺术展演。这些活动从校园延伸到城市各处，展现了师生的艺术风采，并通过音乐、原创剧、声音装置展等多种艺术形式，与社会各界共享教学成果。

（四）杭州现代音乐节

浙江音乐学院与西湖区人民政府共同主办了第二届杭州现代音乐节。音乐节展示了精彩的当代音乐作品，促进了音乐与本土特色文化的交融，

对杭州乃至全国音乐文化生活、创作、研究、表演等领域的发展产生了积极影响。

（五）名师音乐课堂公益直播活动

浙江音乐学院音乐教育学院与北京德清公益基金会联合主办了"助力乡村美育"名师音乐课堂公益直播活动。该活动采用网络直播音乐课例和交流研讨的形式，培训乡村音乐教师，提高他们的教学能力。此外，该活动还探索了学校美育与社会公益组织合作推进乡村学校美育发展的新模式。

参考文献

［1］ 杜卫. 美育学 [M]. 北京：人民出版社，2022.

［2］ 王圣民. 美育小札 [M]. 北京：生活·读书·新知三联书店，2017.

［3］ 叶春平. 美育基础 [M]. 广州：广东高等教育出版社，1989.

［4］ 席勒. 美育书简 [M]. 徐恒醇，译. 北京：中国文联出版公司，1984.

［5］ 蔡元培. 美育与人生：蔡元培美学文选 [M]. 济南：山东文艺出版社，2020.

［6］ 王国维. 美在境界：王国维美学文选 [M]. 济南：山东文艺出版社，2020.

［7］ 王国维. 论教育之宗旨 [J]. 中华活页文选（教师版），2018（6）：1.

［8］ 杨恩寰. 审美教育学 [M]. 沈阳：辽宁大学出版社，1987.

［9］ 张晓凌. "美术革命"与 20 世纪中国美术 [J]. 美术，2018（4）：6-12.

［10］ 叶文妍. 探讨早期中国科幻电影：以《劳工之爱情》为例 [J]. 戏剧之家，2023（36）：163-165.

［11］ 陈吉德. 《定军山》：中国电影的开山之作 [J]. 电影文学，2005（1）：22.